सत्ता का मोक्षद्वार
महाभारत

मुकेश भारद्वाज ने पत्रकारिता की शुरुआत नब्बे के दशक के उस दौर में की जब राष्ट्र राज्य का एक बड़ा बाज़ार बन रहा था और नागरिक की पहचान उपभोक्ता के रूप में हो रही थी। पत्रकार के रूप में उन्हें जानने–समझने का मौक़ा मिला कि सत्ता के शीर्ष पर बैठे लोग हाशिये पर जीवन गुज़ारने वालों को कैसे देखते हैं और हाशिये पर रहने वालों को सत्ता से क्या उम्मीद है। वे बड़ी बेबाकी से दोनों मुद्दों पर अपनी राय ज़ाहिर करते रहे हैं।

उनकी पुस्तक 'सत्ता का मोक्षद्वार : महाभारत' कोरोना काल के दौरान घटी घटनाओं और दुर्घटनाओं को सामने लाते हुए आज के समय में महाभारत के चरित्रों की प्रासंगिकता को दर्शाती है। शासन और जनतन्त्र एक सिक्के के दो पहलू हैं। जनतन्त्र के तीन पक्ष हैं–विधायिका, कार्यपालिका और न्यायपालिका जो एक–दूसरे को सन्तुलित करते हैं; वहीं इन तीनों पर पैनी नज़र रख ख़बरों को जनता तक पहुँचाने वाली पत्रकारिता लोकतान्त्रिक समाज और संविधान का मज़बूत स्तम्भ है। कोरोना काल के दौरान पौराणिक धारावाहिकों का प्रसारण कर जनता को धर्म और नीति से जोड़ने का प्रयास किया गया। महाभारत काल हो या आज का समय राजनीति में धर्म की भूमिका सोचने को बाध्य करती है। जनतन्त्र में ख़बरें समाज का वह आईना हैं जिसमें सरकार, विपक्ष और जन सामान्य की छवियाँ स्पष्ट दिखाई देती हैं।

प्रस्तुत पुस्तक में महाभारतकालीन चरित्रों को आज के युग में घट रही घटनाओं के सन्दर्भ में रख धर्म और न्याय के सम्बन्ध में उनके तर्कों को परखा गया है। महाभारत का वही किरदार दमदार है जो अपने कर्मों के लिए बुलन्द तर्क गढ़ता है। सन्तुलन का खेल खेलने वाले किरदार को इतिहास ने ठहरा हुआ खिलाड़ी घोषित किया है। महाभारत में युधिष्ठिर अपनी इसी स्थिरता और समन्वयता के कारण धुँधले पड़ जाते हैं। वहीं श्रीकृष्ण का चरित्र ऐसे मनोविज्ञान को दर्शाता है जो सत्ता में विदुर जैसे बौद्धिकों की ज़रूरत समझते हैं जो कौरवों के अधर्म और पाण्डवों के धर्म दोनों के साथ सामंजस्य बिठा लेता है। आज के समय में 'ओपिनियन मेकर' के नाम से पुकारा जाने वाला यह बौद्धिक वर्ग बख़ूबी जानता है कि उसका काम केवल नीतियाँ बनाना है, उन्हें लागू करना नहीं। सत्ता में बदलाव के साथ उनका विरोध नम्र अनुरोध में तब्दील हो जाता है। महाभारतकालीन विदुर नीति सत्ता में बौद्धिक वर्ग के शुरुआती अवसरवाद का ही रूप है।

सत्ता का मोक्षद्वार
महाभारत

मुकेश भारद्वाज

वाणी प्रकाशन

वाणी प्रकाशन

4695, 21-ए, दरियागंज, नयी दिल्ली 110 002

फ़ोन : +91 11 23273167 फ़ैक्स : +91 11 23275710

शाखाएँ

अशोक राजपथ, पटना 800 004, बिहार

कॉफ़ी हाउस कैम्पस, महात्मा गांधी मार्ग, इलाहाबाद 211 001, उत्तर प्रदेश

महात्मा गांधी अन्तरराष्ट्रीय हिन्दी विश्वविद्यालय, वर्धा 442 001, महाराष्ट्र

सुल्तानिया रोड, मोतिया पार्क, भोपाल 462 001, मध्य प्रदेश

www.vaniprakashan.com
marketing@vaniprakashan.in
sales@vaniprakashan.in

SATTA KA MOKSHDWAR : MAHABHARAT
by Mukesh Bhardwaj

ISBN : 978-93-90678-65-5
Journalism/Religion

प्रथम संस्करण 2021

आवरण व रेखांकन : अनुप्रिया

मूल्य : ₹ 299

थॉमसन प्रेस (इंडिया) लि. में मुद्रित

वाणी प्रकाशन का लोगो मक़बूल फ़िदा हुसेन की कूची से

उन सभी पाठकों के नाम
जिनकी वजह से
महाभारत के किरदारों की
कड़ी आगे बढ़ती गयी।

क्रम

आपदा में अध्यात्म

28 मार्च 2020 को भारत सरकार का केन्द्रीय सूचना व प्रसारण मन्त्रालय ऐलान करता है कि राष्ट्रीय चैनल दूरदर्शन पर रामानन्द सागर कृत धारावाहिक रामायण का पुनःप्रसारण किया जायेगा। तर्क दिया गया कि ऐसा जनता की माँग पर किया गया है। यह वह समय था जब देश में कोरोना के मामले काफ़ी बढ़ चुके थे और पूर्णबन्दी हो चुकी थी। अचानक से पूरा देश घरों में क़ैद हो चुका था। पूरे विश्व की तरह भारत के लोगों के लिए भी यह हालत अभूतपूर्व थी। तभी सरकार कहती है कि सोशल मीडिया पर माँग उठी है कि टीवी पर अस्सी के दशक के लोकप्रिय धारावाहिक रामायण को फिर से दिखाया जाये। इसके बाद कहा गया कि महाभारत को भी दिखाने की माँग हो रही है। सूचना व प्रसारण मन्त्री प्रकाश जावड़ेकर ख़ुद ट्वीट कर इन धारावाहिकों के प्रसारण के बारे में जानकारी दे रहे थे। प्रकाश जावड़ेकर ने ट्वीट कर बताया, '28 मार्च से डीडी भारती पर दोपहर 12 बजे और शाम सात बजे रोज़ 'महाभारत' के दो एपिसोड दिखाये जायेंगे।' 'डीडी नेशनल' और 'डीडी भारती' को इसके प्रसारण के लिए चुना गया। जावड़ेकर ने ट्वीट करके कहा कि सभी केबल सेवा प्रदाताओं को इन दोनों चैनलों का प्रसारण अनिवार्य रूप से करना होगा। रामायण के प्रसारण शुरू होने के दिन जावड़ेकर ने इस धारावाहिक को देखते हुए अपनी तस्वीर ट्वीट की। प्रसार भारती ने जावड़ेकर की तस्वीर ट्वीट करते हुए लोगों से अपील की कि वे भी इस धारावाहिक को देखते हुए अपनी तस्वीरें ट्वीट करें।

लेकिन रामायण देखते हुए तस्वीर ट्वीट करते हुए जावड़ेकर आलोचनाओं से घिर गये। कहा गया कि जब देश इतनी बड़ी आपदा से जूझ रहा है तो मन्त्री रामायण देख रहे हैं। कड़ी आपत्तियों के बाद जावड़ेकर के खाते से यह ट्वीट डिलीट किया गया। इसके बाद प्रधानमन्त्री ने पहली देशबन्दी का ऐलान करने के बाद 18 दिनों के महाभारत के युद्ध का ज़िक्र किया। लगा कि बस 18 दिनों में सब ठीक हो जायेगा। 18 दिनों के बाद कुछ ठीक तो नहीं हुआ, हाँ कुछ दिनों के बाद प्रधानमन्त्री ने टीवी पर आकर ऐलान करना बन्द कर दिया और सरकारी सूत्रों की सामान्य अधिसूचना से उस वक़्त तालाबन्दी ख़त्म करने का ऐलान किया गया जब भारत कोरोना के मामलों में दुनिया का सिरमौर बन चुका था। जब देश के गृह मन्त्री अखिल भारतीय आयुर्विज्ञान संस्थान में भर्ती थे और राज्यों के मुख्यमन्त्रियों से लेकर सांसद तक कोरोना के मरीज़ थे तब सरकार के स्वास्थ्य सचिव लव अग्रवाल ने वो हेल्थ बुलेटिन वाली प्रेस कॉन्फ्रेंस करनी बन्द कर दी जिसमें वो तबलीगियों से जुड़े मरीज़ों की संख्या बता कर मुख्यधारा के मीडिया को नफ़रती एजेंडा पकड़ा जाते थे। प्रेस कॉन्फ्रेंस बन्द करने के बहुत दिनों बाद लव अग्रवाल ख़ुद को कोरोना सकारात्मक बताने का ट्वीट करते हैं। कोरोना के उच्चतम आँकड़ों के वक़्त जब संसद का सत्र शुरू हुआ तो पूर्व प्रधानमन्त्री मनमोहन सिंह सहित 14 सांसदों ने राज्यसभा के अध्यक्ष वेंकैया नायडू से अपील की कि उन्हें पूरे सत्र तक संसद से अनुपस्थित रहने की अनुमति दी जाये।

सड़क पर मज़दूर

आख़िर ऐसी कौन–सी वजह थी कि सरकार को जनता का ध्यान बँटाने के लिए धर्म का सहारा लेना पड़ा। वो वजह थी अचानक घोषित हुई तालाबन्दी से मचा हाहाकार। देशबन्दी करते वक़्त शहरों में काम करने वाले अस्थायी मज़दूरों के बारे में सोचा ही नहीं गया। सरकार ने किसी भी स्तर पर कोई तैयारी नहीं की।

दिल्ली में मज़दूरों ने कहा कि उनके पास खाने के लिए खाना नहीं है और वे पैदल ही उत्तर प्रदेश से लेकर बिहार तक अपने गाँवों की ओर लौटने लगे। मध्यवर्गीय जनता एक बार अपने घर की खिड़की से सड़क पर निकले मज़दूरों को देखती और फिर स्क्रीन पर रामराज्य को देख कर मुग्ध हो जाती। मार्क्सवादी चिन्तक धर्म को अफ़ीम कहते हैं। लेकिन भारत जैसे देश में यह अफ़ीम सकारात्मक तरीक़े से भी काम करता है। अभाव में एक भाव आता है कि जिस राम जी ने पेट दिया है वही दाना भी देंगे। जब लोग टीवी पर राम और कृष्ण की लीला देख रहे थे तभी सड़क पर मज़दूर राम जी का नाम लेकर चल पड़े कि जो होगा देखा जायेगा। उसी भाव में थक कर रेल की पटरी पर सो गये कि जब अभी रेल चल नहीं रही है तो पटरी पर क्या ख़तरा। लेकिन चलती हुई मालगाड़ी मज़दूरों की जान को कुचल कर चली गयी और बची रह गयीं पटरी पर बिखरी रोटियाँ। इतने बड़े हादसे के बाद टीवी देखता मध्य वर्ग बोल पड़ता है कि पटरी पर कोई कैसे सो सकता है। यहीं राज्य और धर्म की भूमिका सोचने के लिए मजबूर करती है कि कैसे इन्हीं धर्मग्रन्थों के द्वारा हर अन्याय और हर कुतर्क को जायज़ ठहराया गया।

सरकार, पत्रकार और गिद्ध

सड़क पर चलते और मरते मज़दूरों के मामले ने सरकार की साख गिरा दी थी। सोशल मीडिया पर सिर पर गृहस्थी को लेकर चलते और हादसे का शिकार होते मज़दूरों की तस्वीरें वायरल होने लगीं। मज़दूरों के जत्थे पर बेरहमी से कीटनाशकों का छिड़काव करते सरकारी कर्मचारी भी कैमरे में क़ैद और सोशल मीडिया पर वायरल हुए तो मुख्यधारा के मीडिया में भी मज़दूरों की भयावह हालत की तस्वीरें आने लगीं। लेकिन यहाँ पर भी सन्देशवाहक को ही ख़त्म करने की कोशिश हुई। अब ज़रा देखिए कि मज़दूरों को लेकर सरकार के महाधिवक्ता ने सुप्रीम कोर्ट में क्या कहा था। महाधिवक्ता तुषार मेहता सड़कों पर मज़दूरों के मामले में सुप्रीम कोर्ट में नागरिक संस्थाओं के

प्रतिनिधियों और पत्रकारों की तुलना गिद्ध से करते हैं। वे कहते हैं, 'एक फ़ोटोग्राफर 1993 में सूडान गया। वहाँ एक गिद्ध और अकाल पीड़ित बच्चा था। गिद्ध बच्चे के मरने का इन्तज़ार कर रहा था। उस फ़ोटोग्राफर ने उस घटना को कैमरे में क़ैद किया, जो कि न्यूयार्क टाइम्स में छपा। इसके बाद इस फ़ोटो को पुलित्जर पुरस्कार से भी सम्मानित किया गया। लेकिन इस घटना के चार माह बाद ही उस फ़ोटोग्राफर ने आत्महत्या कर ली थी। वह कोई सामाजिक कार्यकर्ता नहीं था, कोई एनजीओ नहीं चला रहा था। लेकिन उसकी अन्तरात्मा थी...।' उच्चतम अदालत में सरकार के पैरोकार ने यह दलील उन लोगों के ख़िलाफ़ दी जिनकी ज़मीनी रपटों, तस्वीरों और वीडियो के कारण सड़क पर मज़दूरों के मामले का स्वतः संज्ञान लेना पड़ा। महाधिवक्ता ने सरकारी पक्षकारों की ओर से जारी वायरल वीडियो का सहारा लिया जो वाट्सऐप पर संक्रामक किया जा रहा था, ज़मीनी मीडिया रपटों को ख़ारिज करने के लिए। वकील साहब की दलील वैसी ही लगी जैसा उन दिनों बहुचर्चित वेब कड़ी 'पाताललोक' का किरदार कहता है, 'लिखा तो शास्त्रों में गया है लेकिन मैंने वाट्सऐप पर पढ़ा है।' अगर उन्होंने वाट्सऐप के अलावा किताबों और आधिकारिक स्रोत का इस्तेमाल किया होता तो जान पाते कि केविन कार्टर जैसे पत्रकार ख़ुद को स्वाहा कर मनुष्यता की ख़ातिर पत्रकारिता को कैसी रोशनी दे गये थे। केविन की तस्वीर ग़ैर–बराबरी की दुनिया के सत्ताधीशों के लिए एक ऐसा आईना लगा कर गयी है कि उन्हें उसमें अपना चेहरा कुरूप ही लगता है।

अब यह महाधिवक्ता की निजी पसन्द है कि उन्होंने स्वतः अज्ञान का रास्ता चुना। सड़क पर चल रहे और मर रहे मज़दूरों से आँखें मूँदीं, अपनी अन्तरात्मा को फ़ोटोशॉप से हटा कर 31 मार्च को अदालत में आत्माविहीन होकर कहा कि सड़क पर कोई मज़दूर नहीं है। लेकिन केविन कार्टर की सन्ततियों को चैन कहाँ था। अपनी जान की परवाह न कर निकल पड़ीं मज़दूरों के साथ। ख़बरों, तस्वीरों और वीडियो की बाढ़ ने सड़कों पर मनुष्यता के अकाल का मंज़र पेश किया

तो अदालत को स्वतः संज्ञान लेना पड़ा। इसके बाद महाधिवक्ता ने दलीलों का ऐसा दलदल बनाया जिसमें लोकतन्त्र के सारे खम्भे धँसने लगे। उन्होंने कहा, 'बड़े पैमाने पर सरकार की ओर से क़दम उठाये जा रहे हैं और सुप्रीम कोर्ट शुरुआत में इनसे सन्तुष्ट था।' सरकार और अदालत को आईना दिखाने वालों को 'कयामत के पैगम्बर' का ख़िताब दे बोला कि 'ये सिर्फ़ नकारात्मकता ही फैला रहे हैं। ये देश के प्रति कोई कृतज्ञता नहीं दिखा रहे हैं।' भारतीय राजनीति में सरकार और राजनीतिक दल के फ़र्क़ को तो पाट ही दिया गया था, अब महाधिवक्ता और पार्टी प्रवक्ता के बीच का अन्तर भी मिटा दिया गया। पुलिस, अदालत, नौकरशाही सरकार का ही हिस्सा हैं। सरकार तो चुनाव जीतने के बाद बनती है और उसका चरित्र बदलता रहता है। लेकिन अदालतें संवैधानिक और स्थायी हैं। महाधिवक्ता के तौर पर आपकी भूमिका की अहमियत है। जिस जगह से आप टिप्पणी कर रहे हैं वो जनता के अधिकारों की रक्षा के लिए है। जनता का दर्द सामने लानेवाली संस्थाओं को ख़ारिज करने की राजनीति करते हुए आप कह रहे थे कि सुप्रीम कोर्ट को आप राजनीति का अखाड़ा नहीं बनने देना चाहते हैं। नागरिकों की असुविधा के ख़िलाफ़ बोलने वालों को आप देश के ख़िलाफ़ बता रहे हैं। सुप्रीम कोर्ट में हाई कोर्ट को ख़ारिज कर रहे हैं। सरकार से सवाल पूछने को समानान्तर सरकार चलाना बता रहे हैं। जनतन्त्र में सबसे अहम पक्ष होता है, विपक्ष का। विधायिका, कार्यपालिका और न्यायपालिका सरकार के तीन पक्ष हैं जो एक–दूसरे को सन्तुलित करते हैं। इन तीनों पर नज़र रख ख़बर करने वाली पत्रकारिता को दुनिया के हर लोकतान्त्रिक समाज और संविधान ने लोकतन्त्र का मज़बूत खम्भा माना है। पत्रकारिता की परिधि तय करने की सारी कोशिशें इतिहास में नाकाम रही हैं।

आज के दौर में सिर्फ़ विषाणु ही नहीं पत्रकारिता भी वैश्विक है। कहाँ–कहाँ के केविन कार्टर को आप ख़ारिज करेंगे? सड़कों पर इतने बड़े कुप्रबन्धन का असली चेहरा दिखाने को नकारात्मकता फैलाना नहीं

कहा जा सकता। ख़ामियों पर उँगली उठाना दुरुस्तीकरण का पहला क़दम होता है। हम हर सुबह आईना देखते हैं तो अपनी कुरूपताओं को दुरुस्त करते हैं। जो बिगड़ा है उसे ठीक ही न करें तो आईना देखने का क्या मतलब होगा? जनतन्त्र में पत्रकारिता और विपक्ष का मतलब ही होता है आईना दिखाना। एक जगह की कुरूपता की रिपोर्ट कर पत्रकार आगे बढ़ जाता है। उसका मक़सद होता है सुधार की गुंजाइश दिखाना न कि नकारात्मकता फैलाना। नकारात्मकता होती है सच पर पर्दा डालना। नकारात्मकता होती है ज़िम्मेदारी से मुँह मोड़ना न कि ज़िम्मेदारी का अहसास कराना। 'क़यामत के दूत' तो वे ही हो सकते हैं जो देश की सड़क से इतनी दूर थे कि सड़क पर वो न देख सके जिसके लिए उन्हें पत्रकारिता के सरोकारों को ख़ारिज करने की खारिश हुई। महाधिवक्ता के संवादों को याद करते हुए विश्वप्रसिद्ध रचना 'गॉडफादर' में मारियो पूजो की पंक्ति याद आती है–'यहाँ पर हम सब इज़्ज़तदार लोग हैं और हमें वकीलों की तरह एक–दूसरे को आश्वस्त करने की कोई ज़रूरत नहीं है।'

चीन, चमगादड़ से एक्ट ऑफ़ गॉड तक

कोरोना के शुरू में केन्द्र सरकार के स्वास्थ्य मन्त्री डॉक्टर हर्षवर्धन ने कहा कि विपक्ष के नेता राहुल गाँधी लोगों को डरा रहे हैं। इस वायरस को चीन की साजिश बताया गया। एक चमगादड़ को खलनायक बनाया गया जिसे चीनी खाते हैं। एक ख़ास विचारधारा के लोग इसे सजग रूप से चीनी वायरस कह रहे थे। भारत के अन्दर अगर इसका कोई ज़िम्मेदार था तो तबलीगी जमात के सदस्य। लेकिन जैसे–जैसे भारत में कोरोना मरीज़ों की संख्या बढ़ती गयी वैसे–वैसे इसके ज़िम्मेदार की खोज बन्द हो गयी। अभी तक इसका टीका तो नहीं आया लेकिन वित्तमन्त्री निर्मला सीतारमण ने कोरोना को एक्ट ऑफ़ गॉड बता दिया। इसी समय बम्बई हाई कोर्ट ने तबलीगियों पर दर्ज सभी एफआईआर रद्द करते हुए कहा कि मीडिया ने तबलीगियों को बलि का बकरा बनाया। टीवी कोरोना को छोड़

रिया और कंगना की कहानी में मशगूल हो चुका था और कोरोना को भगाने वाली थाली रोज़गार की माँग के लिए बजने लगी।

अभाव में ईश्वर का भाव

जब मनुष्य हताश होता है तो उसमें अलग–अलग तरह का भाव आता है और उसके पास ईश्वरीय शक्ति के पास नतमस्तक होने के अलावा कोई चारा नहीं बचता है। सरकार ने यह समझते हुए जनता को ईश्वर की शरण में भेज दिया। वहाँ एक सर्जनात्मक सन्तोष का भाव दिखता है। लोग वित्त मन्त्री में देवी लक्ष्मी तो मोदी जी में श्रीराम को देखते हैं। चुनावों में नेता को भगवान का रूप दिया जाता है और लोकतान्त्रिक प्रक्रिया को मीडिया महाभारत और कुरुक्षेत्र में बदल देता है।

सत्ता और स्क्रीन

इन्दिरा गाँधी की तानाशाही जब चरम पर थी तो उन दिनों सिनेमाघरों में हिन्दी फ़िल्म 'बॉबी' लोकप्रिय हुई थी। उस वक़्त के विद्वान व्यंग्य में कहते थे कि बॉबी एक राजनीतिक फ़िल्म है। यह सत्ता का तरीक़ा था युवाओं को सत्ता के प्रतिरोध से ध्यान हटाने का। जब देश में संवैधानिक अधिकार ताक पर रखे जा रहे थे तो युवा 'हम तुम एक कमरे में बन्द हों' की धुन पर झूम रहे थे। इन्दिरा गाँधी ने अपनी तानाशाही से ध्यान हटाने के लिए रामायण या महाभारत का सहारा नहीं लिया था। इतिहास के दस्तावेज़ों में दर्ज है कि उन्होंने घोषणा करके कहा, 'बहुत अच्छा मौसम है घर जाइए और बॉबी फ़िल्म देखिए'। सत्ता मुख्य मुद्दे से ध्यान हटाने के लिए स्क्रीन पर चालाकी करती रही है। अगर धर्म समझ में आ रहा है तो धर्म और अगर धर्म नहीं समझ आ रहा है तो एक लुभावने पैकेज में 'बॉबी' जिस तरह से आयी थी आप वह देख लीजिए। रह गयी महाभारत की बात तो महाभारत से हमेशा अलगाना चाहिए गीता को। ये अलग बात है कि गीता के बारे में कहते–कहते हम महाभारत के बारे में

कहने लग जाते हैं। ये कहीं–न–कहीं भारतीय लोकमानस का एक प्रशिक्षण रहा है और इस लोकमानस में हम राजनीति को शामिल करते हैं कि आप अपनी रणनीति के लिए, अपनी दुविधाओं के लिए किसकी शरण में जायेंगे? ये वही शरण है।

गाँधीवादी चिन्तक एस एन सुब्बाराव ने अपने एक व्याख्यान में बोला था कि जब रूस में क्रान्ति हुई तो वहाँ सारे गिरजाघर बन्द हो गये। यानी धर्म को ख़ारिज करने का जो वामपन्थी सिद्धान्त है उसे पूरी तरह अमल में लाया गया। जब वे रूस गये तो कहा कि मेरी बड़ी हसरत थी कि एक गिरजाघर देखें जहाँ घण्टा बजता हो। एक गिरजाघर देखा जहाँ पादरी वग़ैरह थे और कुछ लोग आते थे। लेकिन जब वहाँ के लोगों से बातचीत की तो उन्होंने कहा कि हम अपने जीवन में एक अभाव महसूस करते हैं। इन्सान के पास आत्मअन्तर्ग्रहण के लिए एक विकल्प तो हमेशा उपलब्ध होना चाहिए। या तो कोई जीवित नायक हो, कोई गाँधी हो या बुद्ध हो। अगर बुद्ध नहीं होंगे तो अंगुलिमाल को कौन कहेगा कि मैं तो रुक गया तू कब रुकेगा। हम दुविधा में, कठिनाई में, चुनौती में एक स्वीकारोक्ति की तरफ़ जाते हैं। महाभारत एक तरह से वृहद् वृत्तान्त है जो हर तरह की स्वीकारोक्ति के लिए रास्ता मुहैया कराता है। इसी सन्दर्भ में हमने भी महाभारत के किरदारों को आज के सन्दर्भ में समझने की कोशिश कर जनसत्ता के स्तम्भ बेबाक बोल में व्याख्या शुरू की।

महाभारत में कोई ऐसी कहानी नहीं है, ऐसा काव्य नहीं है जिसमें आने वाली पीढ़ियों के लिए कोई सन्देश हो। महाभारत अगर सबक होता तो द्वापर के बाद कभी इस तरह की समस्या ही नहीं आती। सब लोग अपने सबक लेकर बैठे होते कि हमें अपने बच्चों से मोह नहीं पालना है, हमें आपस में युद्ध नहीं करना है, ज़मीन के बँटवारे के लिए नहीं लड़ना है। कृष्ण ने तो सिर्फ़ आने वाले समाज की झलक दिखलायी है। दुनिया त्रेता तक रामराज्य के सिद्धान्त में उलझी हुई थी जहाँ एक आदर्शवाद था, घरों में ताला नहीं लगता था।

माँ–बाप की कही बात मानने के लिए भगवान राम जंगल में भटके, अपनी पत्नी को तिलांजलि दे दी। उसमें पूरी तरह से एक आदर्श समाज की स्थापना थी। महाभारत में ये बताया गया कि यह आदर्श समाज काल्पनिक है। यह सम्भव नहीं है। जो सम्भाव्य है उसकी झलक दिखायी गयी है। ऊपरी तौर पर देखें तो महाभारत में यही दिखता है कि छोटी–छोटी बात पर लड़ाई लड़ी गयी, छल और कपट किया गया। जो आपसे छल करता है उसके साथ छल से निपटने का आपको आज भी अधिकार है। अदालत भी आत्मरक्षा में दूसरे का क़त्ल कर देने को वाज़िब ठहराती है। आप चाहें तो इससे सबक लें नहीं तो न लें। महाभारत एक अन्तहीन कथा है जो आज भी चल रही है।

इन्सान, भगवान और नैतिकता का विश्व साहित्य

हम होमर की 'ओडिसी' को महाभारत के समान्तर रख कर देखते हैं। इसके अहम किरदार ओडिशियस में आपको महाभारत के किरदारों की तरह वीरता और छल साथ–साथ मिल जायेंगे। 'महाभारत और ओडिसी' की तुलना करें तो दोनों में ज़मीन का विस्तार और युद्ध का भाव एक जैसा है। यह भी महाभारत की तरह हज़ारों साल पहले की बात है और इस ग्रन्थ को भी पूरी दुनिया में पढ़ा जाता है। सदियों से यह रंगमंच का हिस्सा और सिनेमा का क़िस्सा बना। आज इस पर एनिमेटेड फ़िल्में बन रही हैं। आधुनिक समय में एक ख़तरनाक कम्प्यूटर एप्लीकेशन को 'ट्रॉजन हॉर्स' का नाम दिया गया। यह एप्लीकेशन ख़ुद को बहुत महफ़ूज बताते हुए कम्प्यूटर कार्यक्रम में घुस जाता है और उसे हानि पहुँचाता है। किस तरह हम अपने विवेक और सतर्कता को खो कर अपने दुश्मन को तोहफा समझ कर ख़ुद ही अपने घर के अन्दर लाते हैं और अपनी मौत के सामान के साथ जश्न मनाते हैं। इस युद्ध के केन्द्र में एक रानी है। प्राचीन यूनानी सभ्यता में रानी को देवी का दर्जा दिया जाता था। वह सिर्फ़ राजा की सहचरी नहीं पूरे साम्राज्य के अभिमान का प्रतीक होती थी। होमर की रचनाओं के भी देवी–देवता सामान्य इन्सानों की तरह छल–प्रपंच

का सहारा ले उस समय के समाज और राजनीति का सिद्धान्त गढ़ते हैं। इसलिए 'ओडिसी' आज एनीमेटेड फ़िल्म से लेकर आधुनिक कम्प्यूटर तक का हिस्सा है।

हज़ारों साल पहले लिखी इस कहानी में ट्रॉय के राजकुमार पेरिस को स्पार्टा की रानी हेलेनस से प्यार हो जाता है और वह उसे ट्रॉय लेकर आ जाता है। अब स्पार्टा के राजा के जीवन का ध्येय और शपथ अपनी रानी को वापस लाना है। इस युद्ध में भी तात्कालिक शक्तियाँ दो खेमों में बँट जाती हैं। स्पार्टा का राजा यूनानी शहरों के राजाओं के साथ समुद्री मार्ग से अपनी अस्मिता (रानी हेलेन) वापसी के लिए चल पड़ता है। ट्रॉय मज़बूत दीवारों से गिरा एक अभेद्य दुर्गनुमा शहर था। यूनानी सैनिकों के लिए उस सुरक्षा दुर्ग को तोड़ना आसान नहीं था। लेकिन ऐसी अनिर्णायक स्थिति में कितने दिन रहा जा सकता था। सालों चली लम्बी लड़ाई का कोई नतीजा नहीं निकला। इस हालात से परेशान होकर यूनानी सिपाही ओडिशियस एक रणनीति तैयार करता है। उसकी योजना के अनुसार लकड़ी का एक विशालकाय घोड़ा तैयार किया जाता है। घोड़े में दरवाज़े के साथ साँस लेने लायक सूराख़ बनायी जाती है जिसमें यूनानी सैनिक छुप कर बैठ जाते हैं और बाक़ी लोग द्वीप की दूसरी ओर जाकर छुप जाते हैं। ट्रॉय के निवासियों को लगता है कि यूनानी सैनिक थक–हार कर वापस चले गये और शान्ति के प्रतीक के रूप में घोड़े का तोहफा छोड़ गये। वे अपनी देवी एथीना को उपहार देने के लिए घोड़े को अन्दर ले आते हैं। कुछ लोग इसे यूनानियों की चाल बता कर शक करते हैं और घोड़े को जला देने की सलाह देते हैं। लेकिन घोड़े की कलात्मकता और जीत का अहंकार शक और सावधानी की इन आवाज़ों को दबा देता है। ट्रॉय के लोग अपने सुरक्षित शहर में अपने हाथों से विनाश के घोड़े को लाकर जश्न में डूब जाते हैं और रात में थक कर सो जाते हैं। रात होते ही घोड़े से निकल कर यूनानी सैनिक ट्रोजनों का क़त्लेआम कर देते हैं और अपनी रानी को वापस अपने देश लेकर जाते हैं।

ऊपरी तौर पर देखने में तो यह अदम्य साहस और स्वाभिमान की कहानी लगती है लेकिन जब हम इसके किरदारों के क़रीब जाते हैं तो यहाँ भी शकुनि जैसी क्षुद्रता मिलेगी कि अपने स्वार्थ को सिद्ध करने के लिए बहन और भांजे का इस्तेमाल किया जाये। 'ओडिसी' में मेनेलाउस और आगामेम्नन दोनों भाई हैं। मेनेलाउस की पत्नी का अपहरण करके पेरिस ले जाता है। वह आगामेम्नन के पास जाता है और कहता है कि किसी भी हालत में मेरी पत्नी मुझे वापस चाहिए। पेरिस मेनेलाउस को ललकारता है कि अगर युद्ध होगा तो दोनों पक्षों के लोग मारे जायेंगे। उससे अच्छा है कि हम दोनों आपस में शारीरिक युद्ध करते हैं। इस युद्ध में जो जीत जायेगा हेलेनस उसकी हो जायेगी। मेनेलाउस जानता था कि आपसी शारीरिक युद्ध में पेरिस का जीतना तय है। आगामेम्नन कहता है कि ये नहीं होगा। आपको ट्रॉय के अन्दर जाना होगा तभी बात बनेगी। और मैं जो इतनी दूर से युद्ध करने आया हूँ उसे न्यायोचित कैसे ठहराऊँगा। मेनेलाउस को समझ में नहीं आता है कि उसका भाई कहना क्या चाहता है। आगामेम्नन उसे एक तरफ़ ले जाकर कहता है कि मैं इतने ताम–झाम के साथ इस औरत के लिए नहीं आया हूँ तुम्हारे साथ। तुम्हें लगता है कि इतने बड़े संग्राम का यह आयोजन हेलेनस के लिए किया गया है तो तुम मन्दबुद्धि हो। वो कहता है कि ये मुझे कर लेने दो, मैं पेरिस को चींटियों की तरह मसल दूँगा और हेलेनस भी हमारी हो जायेगी। पेरिस के मरते ही ट्रॉजन नैतिक रूप से कमज़ोर पड़ जायेंगे।

ट्रॉय का पूरा युद्ध देवत्व और मनुष्यत्व के बीच की रेखा को मिटाता है। छल–कपट के साथ युद्ध के नियमों की अवहेलना की गयी। ओडिशियस ने पैलेडियम को पीछे से मारने की कोशिश की। जब नेस्टर ट्रोजन के द्वारा मारा जा रहा था तो ओडिशियस भाग जाता है और डायोमेड्स उसे बचाने के लिए वापस आता है। इस युद्ध में यूनान के कई देवताओं की मृत्यु हो जाती है और रह जाता है इन्सानी चरित्रों का आख्यान। महाभारत की तरह यहाँ भी सबकी अपनी–अपनी कमज़ोर कड़ी है। हर चरित्र न तो पूरा स्याह है और न सफ़ेद।

सबके अपने–अपने धूसर सत्य हैं। एक और अहम किरदार अकिलिस एक तरफ़ तो विद्वान योद्धा की तरह दिखता है जो जीवन मूल्यों का महिमामण्डन करता है। लेकिन कुछ प्रसंगों में वो भी अपने बचाव के लिए सारे दाँव–पेंच करता दिखता है। अन्य देवताओं के कार्यों को परिदृश्य में रख कर बहुत चालाकी से वह ख़ुद को नायक घोषित करता है।

होमर की वो हज़ारों साल पहले की दुनिया आधुनिक युगीन बोध के साथ महाभारत की दुनिया की तरह ही तालमेल कर लेती है। इसमें भी रामायण की तरह एक स्त्री का हरण है लेकिन उसका हल रामायण की तरह आदर्शवाद में नहीं निकलता है। होमर महाभारत की तरह एक व्यावहारिक दुनिया रचते हैं। वे मनुष्यत्व और देवत्व को किसी नट की तरह एक पतली रस्सी पर चलने के लिए मजबूर करते हैं। युद्ध में नेतृत्व किसका है यह देख कर तो आँखें चौंधियाती हैं लेकिन नायक बनने के कौशल को भी समझती हैं। इस महाकाव्य के केन्द्र में वीरता दिखायी देती है लेकिन पाठकों को जूझना पड़ता है एक–दूसरे को धोखा देनेवाले रिश्तों से। युद्ध और सम्बन्धों में धोखा महाभारत का भी केन्द्र है। वो सम्बन्ध चाहे व्यक्तिगत हो या दो राजाओं का। ज़मीन का विस्तार और स्त्री पर एकाधिकार की इन लड़ाइयों को आज देखेंगे तो यह स्त्री और धर्म की अवमानना के नाम पर शुरू किया गया जनसंहार सा ही दिखता है। नायक और खलनायक का भेद ख़त्म हो जाता है। सामन्ती मुहावरा 'जड़, जोरू और ज़मीन ज़ोर के, नहीं तो किसी और के' का ही महिमामण्डन दिखता है। या इसे आधुनिक और सुसंस्कृत रूप में कह लीजिए कि जंग और मोहब्बत में सब जायज़ है। सारे अन्याय को जो जीता वही सिकन्दर के चमकते शामियाने से ढक दीजिए। इन ग्रन्थों के नायक आपको अपने आस–पास तब तक मिलते रहेंगे, जब तक कि मनुष्य है और उसकी कमज़ोरियाँ।

'ओडिसी' और 'महाभारत' का कथ्य अलग है लेकिन दोनों के केन्द्र में स्त्री है। एक लड़ रहा है अपने समूल आधिपत्य के लिए

और दूसरा लड़ रहा है अपनी स्त्री के अभिमान के लिए। यहाँ स्त्री ख़ुद अपने सम्मान वापसी की माँग के लिए अपने पाँचों पतियों को ललकारती है। पाण्डवों की सारी लड़ाई द्रौपदी के लिए थी। वो तो पाँच गाँव ही लेना चाहते थे। दोनों ग्रन्थों की समानता है समाज के लिए शास्त्र की रचना। समाज और राजनीति आगे कैसे चलेगी वो इस बात का विधान रचते हैं। आज इन दोनों ग्रन्थों की तरह तीर–कमान और दिव्यास्त्रों से जंग नहीं लड़ी जा रही है। आज हथियार अलग हैं लेकिन उसके पीछे मक़सद वही है साम्राज्य आधिपत्य के विस्तार का।

महाभारत इसी साम्राज्य विस्तार के ख़िलाफ़ सजग कर इससे मोह तोड़ने की सीख देने की कोशिश करता है। यह वर्तमान समाज का आईना है। अब यह हमारे ऊपर है कि हम कौन–सा चरित्र चुनते हैं। आधुनिक विमर्श में द्रौपदी को स्त्री अस्मिता के प्रतीक के रूप में देखा जाता है। हर घर में इसकी कहानी सुनायी गयी इसलिए ये हमारे समय में रच–बस गया। हमने महाभारत के समान्तर रामायण को भी पढ़ा जो एक आध्यात्मिक अभिव्यक्ति है। हमारे लिए वैसा होना मुश्किल है। हम इन्सान हैं तो भगवानों की तरह व्यवहार करने का नहीं सोचेंगे। आम इन्सान अपना आदर्श महाभारत में खोज लेता है। मदिरा, नशा, जुआ और स्त्री को लेकर द्वेष। जिस चीन को कोरोना का ज़िम्मेदार माना गया और कुछ दिनों के लिए जिसकी ज़िन्दगी पटरी से पलट गयी उसके लिए महामारी के समय सबसे अहम भारत की सीमा में घुसपैठ करना हो गया। छोटा–सा देश नेपाल भी इसी समय भारत के साथ ज़मीनी विवाद शुरू करता है। बाक़ी मुल्कों का भी यही है कि अपनी सीमा को बढ़ाना चाहते हैं। तो आज भी लड़ाई वही आदिम वर्चस्व की है। इसलिए आधुनिक काल में भी महाभारत सबसे अहम ग्रन्थ हो जाता है।

अपनी रचना में वेदव्यास ख़ुद ऐलान करते हैं कि तात्कालिक सारा ज्ञान इस अर्थ में है। जो भारत में नहीं है वह महाभारत में नहीं है। इसके रचनाकार उन विरलों में से थे जिन्हें पता था कि वह क्या

रच रहे हैं। एक ऐसा साहित्य जो समय से परे चला जाये। जो एक ख़ास समय में शुरू तो हुआ है लेकिन जिसका कोई अन्त नहीं है। यह एक अन्तहीन कथा है जो हज़ारों साल की सभ्यता के साथ और बढ़ती जा रही है।

साहित्य का अर्थ ही संवेदना और सन्देश है तो महाभारत इस नियम से अपने समय में ही विद्रोह कर गयी थी। आज भी हमारे घरों में महाभारत को लेकर कोई सन्देश नहीं है। नानी–दादी की कहानियों में रामलला तो हैं कोई भीम, अर्जुन दुर्योधन नहीं है। जन्म से लेकर मरण तक में रामायण से जुड़े गीत हैं लेकिन किसी धार्मिक आयोजन में महाभारत कथा नहीं पढ़ी जाती है। मतलब कि यह कोई ऐसी कहानी, काव्य या महाकाव्य नहीं है जिसमें आने वाली पीढ़ियों के लिए कोई सन्देश हो। गीता के अलावा कृष्ण कोई आध्यात्मिक सन्देश नहीं दे रहे हैं। जार्ज आर्वेल ने '1984' लिखी जो इक्कीसवीं सदी के बीसवें साल में अक्षरशः उतरती दिखायी देती है। उसी तरह कृष्ण ने महाभारत में आने वाले समाज की झलक दिखलाई है। दुनिया त्रेता के रामराज्य की अवधारणा से सम्मोहित थी। रामराज्य में तो घरों में ताले नहीं लगते थे। राम तो पिता और विमाता की बात मानने के लिए 14 साल भटके। एक आम प्रजा का राजा पर भरोसा हो इसलिए अपनी प्रिया सीता का त्याग कर दिया। भारत की संस्कृति में यह आदर्श माँ की लोरी से लेकर मास्टर साहब के सबक तक में था।

ऐतिहासिक सन्दर्भ बताते हैं कि महाभारत एक आदमी की रचना नहीं है। इसमें कई कहानियाँ हैं जो कई रचनाकारों के द्वारा लिखी गयी हैं। कुछ कहानी बहुत पहले की है तो कुछ बहुत बाद की है। महाभारत में ही उद्धरण है कि इसके तीन संस्करण हैं। रामायण में भी जो मूल कथा है वाल्मीकि की उसके पहले वो लोककथा है। यह सही है कि महाभारत की तुलना में वाल्मीकि रामायण एक आदमी की रचना है। लेकिन वह कवि वाल्मीकि कौन हैं उसकी भी कई कहानी हैं।

कहानियों की कड़ी

महाभारत में एक केन्द्रीय कथा नहीं है इसलिए रामायण की तुलना में उसका विषय बृहत्तर और अलग–अलग है। एक पर्व की प्रकृति दूसरे पर्व से अलग हो जाती है। अब 'उद्योग पर्व' को ही देखेंगे तो यह पूरी राज्यनीति के बारे में है। इसमें राजस्व का भी उल्लेख है कि राजा को कर किस तरह वसूलना चाहिए, राजा और प्रजा का सम्बन्ध किस तरह होना चाहिए। किसी पर्व में वर्ण और जाति का विस्तार से उल्लेख है तो किसी पर्व में स्त्री के बारे में है तो किसी में राज्य के उदय के बारे में। बहुत सारी कहानियाँ आपस में गुँथी हुई हैं। कुन्ती, कर्ण और पाण्डु की अलग–अलग कहानियाँ हैं। कुछ कहानियाँ तो उस ज़माने के बारे में हैं जो बतलाती हैं कि यौन शुचिता राज और समाज का सामान्य आधार नहीं बना था। कौरव और पाण्डव की सभी सन्तानें असामान्य अस्तित्व रखती हैं। नियोग एक सामान्य–सा नियम दिखता है। एक तरह से स्त्री को स्वतन्त्रता है कि वह किसी से भी पुत्र की प्राप्ति कर सकती है। यह कहानी उस समय के बारे में बताती है जब परिवार बहुत व्यवस्थित रूप से नहीं बना है। बाद की कहानियाँ हैं कि भूमि पर अधिकार के लिए विवाद होते हैं और उसके लिए संघर्ष होता है।

महाभारत एक समय की, एक व्यक्ति द्वारा रचित कहानी नहीं है इसलिए इसकी केन्द्रीय शिक्षा क्या हो यह कहना मुश्किल है। अलग–अलग कहानियों में हम देख सकते हैं कि राजा का क्या दायित्व है प्रजा और सत्ता के प्रति इसका उल्लेख है। भाइयों का, पति–पत्नी का सम्बन्ध कैसा हो। रामायण की विशिष्टता है कि एक आदमी की रचना है और लगभग एक कथा विषय है। उसमें साफ़–साफ़ है कि पितृसत्ता कैसे स्थापित हो रही है और उसमें स्त्री की क्या जगह बन रही है, वर्णों की क्या भूमिका है, राजा का वर्ण–धर्म के प्रति क्या कर्तव्य है, इन सब बातों का ज़िक्र है। आगे अगर पितृसत्ता को छोड़ दीजिए तो हम क्या सीख लेंगे। जैसे आज हमें सीख लेनी हो रामायण से और हम पितृसत्ता को हटा दें तो

बाक़ी जो मानवीय और सामाजिक सम्बन्ध हैं उसमें से निष्ठा और सत्यप्रियता को हम ग्रहण कर सकते हैं। रामायण और महाभारत दो काल की रचना भी है। महाभारत को हम कह सकते हैं कि ईसा पूर्व 1000वीं सदी से गुप्त काल तक के काल को समेटता है। रामायण 500 से 1200 ईस्वी के बीच लिखी गयी। भारत का तमाम प्राचीन साहित्य मौखिक परम्परा का ही हिस्सा है। इसलिए किसी भी ग्रन्थ का एक पाठ नहीं है। महाभारत को ही देखा जाये तो तीन-चार पाठ हैं। इतिहासकारों ने सिर्फ़ वाल्मीकि रामायण के ही तीन प्रामाणिक पाठों को खोज निकाला है। फादर कामिल बुल्के ने रामकथा पर शोध किया है। उन्होंने दिखाया है कि कैसे इसके अलग-अलग पाठ हैं। रामायण के ऐतिहासिक अध्ययन में भी इस तरह की समस्या आती है। इसके कुछ भाग को वैदिक काल तो कुछ मौर्य काल का तो कुछ भाग के गुप्त काल के होने का दावा किया जाता है। महाभारत में भी समस्या है कि कुछ भाग तो बिल्कुल ऋग्वैदिक संस्कृति की याद दिलाता है तो कुछ उसके बाद की।

महाभारत की सबसे बड़ी ख़ासियत इसकी कल्पनाशीलता है। आज भी लोग वह कल्पनाशीलता, वह पठनीयता नहीं ला सके हैं। कहानी के अन्दर कहानी है। इतनी सारी कहानी है कि एक सामान्य पाठक उसमें भूल जाता है। विद्वान इस पर काफ़ी शोध कर चुके हैं कि कैसे एक कहानी, दूसरी कहानी को काट देती है। परस्पर विरोधी कहानियाँ भी हैं। जब कहा जा रहा है कि महाभारत में अपने समय का सारा ज्ञान है मतलब तरह-तरह की कहानियाँ हैं। एक कहानी दूसरी कहानी को ग़लत तो साबित करती है लेकिन कल्पनाशीलता इतनी ज़बरदस्त है कि उसकी पठनीयता भी अतुलनीय हो जाती है और हमारा ध्यान उसकी तरफ़ नहीं जाता है।

एक अहम तथ्य यह है कि हम महाभारत को धर्मग्रन्थ मानते हैं। धर्मग्रन्थ मानने के बाद इसका मूल्य बदल जाता है। अब जैसे तुलसी का रामचरितमानस है। इसकी तुलना तुलसीदास की अन्य रचनाओं कवितावली और गीतावली से करिए तो इन्हें आम लोग नहीं पढ़ते हैं।

यहाँ तक कि हिन्दी के प्रोफ़ेसर और विद्वान भी सिर्फ़ रामचरितमानस तक सीमित रह जाते हैं। चूँकि उसे धार्मिक रूप नहीं दिया गया है इसलिए धर्म का सन्देश उसमें नहीं है और हम चूँकि धार्मिक देश के नागरिक हैं तो हम रामचरितमानस, महाभारत और गीता को उसके धार्मिक मूल्यों के कारण लेते हैं। जितने प्राचीनतम ग्रन्थ हैं हम उसका पाठ करते हैं। उस पर धारावाहिक और सिनेमा बनता है तो हम उसके दर्शक भी बनते हैं। महाभारत की लोकप्रियता इस कारण है, न कि इसलिए कि लोग उसका छन्द या आचार–विचार समझते हैं।

आध्यात्मिक उपलब्धि गीता

महाभारत की आध्यात्मिक उपलब्धि गीता है। कुरुक्षेत्र में गीता के उपदेश के बाद ही युद्ध सम्भव हो सका। गीता के उपदेश के बाद शुरू हुए इस युद्ध का असर महाविनाश के रूप में सामने आता है। सबकी मौत होती है। यह एक ऐसा युद्ध है, जिसमें जिस तरफ़ कृष्ण हैं उस तरफ़ उनकी सेना नहीं है। जिस तरफ़ कृष्ण हैं उस तरफ़ के लोग उनकी ही सेना को मार रहे हैं। इसमें उनके अपने राज्य द्वारका के जवान शामिल हैं।

इसी तरह महाभारत का जो अन्त है वो अन्त नहीं है, उसी के सूत्र से बँधी नयी कहानियों का जन्म है। सम्पत्ति विवाद भारत के हर क्षेत्र में है। अरबपति कारोबारी से लेकर छोटे किसान तक। ज़मीन कब जमीर की लड़ाई बन जाती है पता ही नहीं चलता है। ज़मीन के लिए जीवन के अन्त तक लड़ने की तुलना गीता के कर्म से की जाती है। बेटा विरासत में बाप के मुक़दमे की फ़ाइलों का बस्ता पकड़ता है और कचहरी की ओर चल देता है। ज़मीन से जुड़े कचहरी और कोतवाली के लोक गीत उत्तर भारत के ग्रामीण जीवन का अहम हिस्सा है। बाप मूँछों पर ताव देकर मुक़दमे का इतिहास बताता है तो इन झगड़ों का अतीत याद कर माँ अपने बच्चे को लोरी में ज़मीन–जायदाद के झगड़े से दूर रहने की हिदायत देती है। लोरियों में बेटे के लिए भरत जैसा भाई मिलने की दुआ माँगी जाती है।

महाभारत का सार गीता है लेकिन लोक जीवन और मन्दिरों में जो कृष्ण का रूप है वह कुरुक्षेत्र के कृष्ण से अलग है। मन्दिरों में रथ पर सवार सुदर्शनचक्रधारी वाले ख़ुद में ब्रह्माण्ड को समेटे विराट भगवान नहीं हैं। वहाँ हैं मनोहर श्याम रंग के बाँसुरीवादक कन्हैया। राधा की मूर्ति के साथ प्रेम और स्नेह में पगे कृष्ण। मन्दिरों में उन्हें लोक जीवन के साथ जोड़ा गया है। माखन–मिश्री खाने वाले लड्डू गोपाल नहीं तो होंठों पर बाँसुरी लगाये प्रेम रस में तल्लीन। मन्दिरों में ये सुबह उठते हैं तो दोपहर को विश्राम भी करते हैं। कृष्ण के जन्मोत्सव पर उत्तर से लेकर दक्षिण भारत तक का माहौल भक्तिमय हो जाता है। उत्तर प्रदेश की मथुरा तो जन्मभूमि है ही महाराष्ट्र में मटकी फोड़ते गोविन्दा तो कृष्ण की राजधानी में रास नृत्य करते कृष्ण भक्त। पूरे देश के बच्चे उस दिन राधा–कृष्ण की पोशाक में अलग ही रंग बिखेरते हैं।

कहने का तात्पर्य है कि कुरुक्षेत्र के विनाश के कारण महाभारत आम घरों से दूर है तो अपने प्रेम और वात्सल्य रूप में आम घरों के सबसे क़रीब। कृष्ण की भक्ति बहुत लचीली है। सगुण और निर्गुण दोनों उपासक इसे अपने हिसाब से बरतते हैं और दोनों का कोई विरोधाभास भी नहीं होता। कृष्ण तो यशोदा मैया के बिना अधूरे हैं। जगत् का पालक का वो रूप पूजा जाता है जो पालने में है। माँ की ममता कब कृष्ण की भक्ति सरीखी लगती है पता ही नहीं चलता है। लोक में बच्चे को प्यार से पालना ही भगवान को पूजने के बराबर है। गीता अगर मृत्यु के क़रीब है तो कृष्ण के लोक रूप में जन्मोत्सव है, सोहर, लोरी तो मिलन और विरह है। एक आम सादा जीवन जीते हुए कृष्ण की उपासना हो सकती है। भक्ति और वात्सल्य के इसी रूप के कारण कृष्ण को एक वैश्विकता मिली है। इस्कॉन से लेकर बिड़ला के बनाये मन्दिर देश और दुनिया के कई शहरों में हैं। हरे कृष्णा, हरे रामा की धुन ग्लोब के किसी भी जगह गानों में पड़ जाये तो कोई आश्चर्य नहीं।

जो आम आदमी के लिए कृष्ण का सन्देश है वो उस गीता से अलग है। प्रेम और वात्सल्य के अलावा कृष्ण का एक रूप जो आम घरों में मिलता है वो है सखा का, गुरु का। रथ पर सवार अर्जुन को उपदेश देते कृष्ण। वो बताते हैं कि हर आदमी अकेला आया है और अकेला जायेगा। हर किसी को अपनी लड़ाई ख़ुद ही लड़नी होती है, अपने हिस्से का कर्म करना ही होता है। कृष्ण ने द्रौपदी को पहले ही बता दिया था कि इस युद्ध के बाद सिर्फ़ पाँच पाण्डव बचेंगे और बाक़ी सब मर जायेंगे। सर्वनाश की भविष्यवाणी सुनने के बाद भी द्रौपदी ने युद्ध रोकने की ज़रूरत नहीं समझी। इसलिए कृष्ण की लोक छवि द्रौपदी नहीं बल्कि सुदामा के सखा के रूप में होती है। हमारा लोक दरिद्रनारायण की बात करता है। कृष्ण का वही रूप पूज्य है जो दरिद्रता में भगवान देखता है न कि वो जो धर्म की रक्षा में प्राण हरता है।

गीता : कल और आज

ऐतिहासिक सन्दर्भों में गीता के काल को 200 ईस्वी से 500 के बीच माना जाता है। भारतीय इतिहास में यह ऐसा काल है जब बौद्ध धर्म की प्रतिक्रिया में ब्राह्मणवाद एक बार फिर से उभार पर आ रहा है। इसके पहले शूद्रों का बोलबाला हो चुका था। ख़ास कर जो मगध के शासक शूद्र हैं और उनकी भाषा प्राकृतिक, मागधी और पाली है। ये आम लोगों की भाषा है। गीता उस दौर में लिखी जा रही है जब संस्कृत का भी पुनरुद्भव होता है और ब्राह्मण वर्ग का भी नये सिरे से पुनरुत्थान होता है। इस समय प्राचीन हिन्दू धर्म एक शक्ल अख़्तियार कर रहा है।

आधुनिक काल के 19वीं और 20वीं सदी में हमारा राष्ट्रवाद जब निर्मित हो रहा था तो वह राष्ट्रवाद भी हिन्दू पुनरुत्थानवाद की शक्ल में आया। इसे आधा राष्ट्रवाद तो आधा हिन्दू पुनरुत्थानवाद कह सकते हैं। नामवर सिंह कहते हैं कि भारत का जो राष्ट्रवाद है उसमें हिन्दू कौमियत और मुसलिम कौमियत पैदा हुई। दूसरी मज़ेदार चीज़

है कि इस राष्ट्रवाद में ब्राह्मणवाद भी साथ–साथ पैदा हो रहा है। जितने आरम्भिक नेता हैं भारतीय राष्ट्रीय कांग्रेस के वो सब मज़बूत घरानों से हैं और ब्राह्मण हैं। बाल गंगाधर तिलक ब्राह्मण हैं जो 'एज ऑफ़ कंसेंट बिल' का विरोध कर रहे हैं, सामाजिक सुधार का विरोध कर रहे हैं और गीता पर भाष्य लिख रहे हैं। महर्षि अरबिन्द से लेकर महात्मा गाँधी और सर्वपल्ली राधाकृष्णन गीता पर भाष्य लिख रहे हैं। औपनिवेशिक लड़ाई के मैदान में ये सभी आधुनिक नेता कुरुक्षेत्र के मैदान से निकली गीता का महिमामण्डन क्यों कर रहे थे? एक तो सीधी समझ कि भारत की पहचान हिन्दू धर्म के रूप में है तो ये हिन्दुत्व का पुनरुत्थान है।

दूसरी बात यह कि जिस तरह से महाभारत में तमाम चीज़ों के साथ तालमेल बिठाने की कोशिश है उसी तरह से गीता में भी अब तक की भारतीय संस्कृति है गुप्त काल तक चाहे वह हिंसा और अहिंसा का सवाल हो, जैसे गीता की जो कथा है, या गीता का जो उपदेश है वह अर्जुन को दिया जाता है युद्धक्षेत्र में। अर्जुन हताश है और एक तरह से हिंसा करने को नकार देता है। वहाँ कृष्ण उसे उपदेश देते हैं वर्ण धर्म का, क्षत्रिय धर्म का। यह क्षत्रिय धर्म मूलतः वर्ण धर्म है। विराट रूप में भगवान अर्जुन को उपदेश देते हैं कि वर्ण धर्म का पालन होना चाहिए। जो वर्ण धर्म का पालन करता है उसे स्वर्ग की प्राप्ति होती है।

एक तरफ़ उसी गीता में कृष्ण कहते हैं कि आदमी को लोक निन्दा से नहीं डरना चाहिए कि लोग क्या कहेंगे और हमारी आलोचना होगी। दूसरी तरफ़ इसी का भय अर्जुन को दिखाते हैं कि तुम युद्ध नहीं करोगे तो तुम्हारी वीरता की जो छवि बनी हुई है वह नष्ट हो जायेगी। लोग तुम्हारी निन्दा करेंगे, तुम स्वर्ग में स्थान पाने के अधिकारी नहीं रहोगे। एक तरफ़ कृष्ण कहते हैं कि निष्काम कर्म कीजिए और दूसरी तरफ़ अर्जुन को समझते हैं कि युद्ध नहीं करोगे तो स्वर्ग नहीं मिलेगा।

कृष्ण गीता में हिंसा को न्यायोचित ठहराते हैं। कृष्ण की पृष्ठभूमि में कंस का वध भी है। कंस मामा है। हो सकता है कि कृष्ण मातृसत्तात्मक समाज के रहे हों जिसमें मामा का उत्तराधिकारी भांजा होता है। महाभारत में भी सम्पत्ति और राज्य का युद्ध चल रहा है जिसके लिए हिंसा को धर्म बताया जा रहा है। कृष्ण भी अपने जीवन में हिंसा का सहारा ले रहे हैं और हिंसा का उपदेश अर्जुन को भी दे रहे हैं। मज़ेदार बात यह है कि राधाकृष्णन जो गीता का संवाद लिखते हैं, अनुवाद करते हैं वह भी एक जगह कहते हैं कि अहिंसा सत्ता के लिए अच्छी चीज़ है। हो सकता है यह महात्मा गाँधी के दर्शन का प्रभाव हो। वे कहते हैं कि हिंसा सत्ता प्राप्त करने तक ठीक है। लेकिन जैसे ही सत्ता मिल जाये हिंसा को छोड़ देना चाहिए। और आगे बढ़कर वो कहते हैं कि ताँगे में कोचवान की सीट पर बैठे हुए आदमी को घोड़े को चाबुक लगाना ही होगा। वे कृष्ण की बात को अपने शब्दों और सन्दर्भों में दुहरा रहे हैं।

इसका मतलब यह है कि गीता में परस्पर विरोधी चीज़ को ही सन्तुलित करने की कोशिश की जा रही है। और यह भारत का जो राष्ट्रवाद था उसे बहुत सूट कर रहा था। यह भारत में पूँजीपति वर्ग के उदय का भी काल है जो निष्काम कर्म की शिक्षा दे रहा है, वर्ण धर्म की शिक्षा दे रहा है। महाभारत में भी यही शिक्षा है। महाभारत में हम एक तरह के संकट को भी देखते हैं। मनुस्मृति लिखी जा रही है जिसमें वर्णसंकरता का सबसे ज़्यादा रोना है। महाभारत में भी वर्णसंकरता का सबसे ज़्यादा संकट दिखाया गया है। बल्कि एक जगह प्रलाप है। अर्जुन कहता है कि इतने क्षत्रिय मारे जायेंगे तो स्त्रियों का क्या होगा? उसके बाद बच्चे वर्णसंकर होंगे। वर्णसंकरता का संकट पूरे दौर में रहा है। कलियुग में यही रोना है, इस काल का यही सबसे बड़ा संकट बताया जा रहा है कि वर्णसंकरता बढ़ रही है। सारे संकट की जड़ है कि लोग वर्ण धर्म का पालन नहीं कर रहे हैं। बताया जाता है कि क्षत्रिय को वीरगति प्राप्त होने यानी लड़ते–मरते ही स्वर्ग मिलेगा। शूद्र के स्वर्ग का रास्ता सेवा करने से ही खुलता है।

दूसरी बात है कि यहाँ भक्ति सिखायी जा रही है। भारतीय समाज में जो सामन्तवाद पैदा हो रहा है उसमें श्रद्धा के मूल भाव में भक्ति है। जनता को आज्ञाकारी बनाने की कोशिश की जा रही है। उस जनता को, उस संस्कृति को जहाँ हम देख पाते हैं कि ज़रा–सी देर होने पर अजातशत्रु अपने पिता की हत्या कर देता है। उस अजातशत्रु की करुणा का अवतार माने जाने वाले बुद्ध भी निन्दा नहीं करते हैं। बौद्ध ग्रन्थों में, जैन ग्रन्थों में, ब्राह्मण ग्रन्थों में तमाम जगहों पर बहुत अच्छी छवि है अजातशत्रु की। इसलिए कि वह बौद्धों से लेकर ब्राह्मण को दान दे रहा था। हिंसा और पितृहन्ता ऐसी चीज़ है कि वेदकाल से लेकर देखें तो कई वध के प्रमाण मिलते हैं। इन्द्र ख़ुद अपने पिता की हत्या करते हैं। यह सब सम्पत्ति के उत्तराधिकार से जुड़ा हुआ मामला है।

गीता की परस्पर विरोधी बातें शासक वर्ग के अनुकूल होती हैं। कृष्ण का कोई भी एक उपदेश टिकाऊ नहीं है। हिंसा, अहिंसा से लेकर भक्ति तक की बात करते हैं। वो हर मौक़े पर छल के लिए प्रेरित करते हैं। उनका लक्ष्य है विजय यानी सफलता हासिल करना। वे नैतिकता और वर्ण धर्म की शिक्षा देते हैं लेकिन ख़ुद उसका पालन नहीं करते हैं। ठीक उसी तरह देखिए कि गाँधी की जो अहिंसा है वह भारतीय जनता को आज्ञाकारी होना सिखाती है लेकिन वे सेना के शौर्य की बात करते हैं। जब असहयोग आन्दोलन के दौरान सैनिक हड़ताल कर देते हैं तो गाँधी कहते हैं कि हुक्महुजूरी अच्छी चीज़ नहीं है। यह वाहियात है। एक तरफ़ यही गीता के उपदेश देनेवाले जनता को अहिंसक बना रहे हैं लेकिन जो राजसत्ता है उसकी हिंसा को ये चुनौती नहीं देते हैं बल्कि उसे वैधानिकता प्रदान करते हैं।

यही कारण है कि पूरे राष्ट्रीय आन्दोलन में गीता का बहुत बोलबाला रहा। क्योंकि हर आदमी अपने तरीक़े से गीता को जीता है। गीता पर सबसे ज़्यादा भाष्य लिखे गये। इसका अध्ययन करना इसलिए रोचक है कि हर आदमी का भाष्य अलग–अलग है। हर आदमी अलग तरह से नतीजे पर पहुँचता है। चाहे वो शंकराचार्य की

टिप्पणी है, ज्ञानेश्वर की, बाल गंगाधर तिलक या काका कालेलकर की टिप्पणी हो या विनोबा भावे की। ये सारे लोग गीता पर लिख कर अलग–अलग नतीजा निकाल रहे थे।

गीता युद्ध के लिए प्रेरित करती है, फल की चिन्ता नहीं करना है इसका फ़ायदा, इसका असर न सिर्फ़ आधुनिक पूँजीपरस्त नेताओं पर हुआ, यहाँ तक कि जितने वामपन्थी नेता हैं, क्रान्तिकारी हैं वो सब गीता से प्रभावित हैं। ख़ुदीराम बोस गीता पढ़ते हैं, किसान नेता किशोरी प्रसन्न सिंह गीता पढ़ते हैं। स्वामी सहजानन्द सरस्वती गीता पर भाष्य लिखते हैं। कम्युनिस्ट नेता भी गीता को 'लाल किताब' जितनी ही प्रिय मानते हैं क्योंकि वो भी इसके ज़रिये हिंसा को जायज़ ठहराते हैं। जितने बंगाल के नेता हैं जिनका हिंसा से सम्बन्ध रहा है चाहे शचीन्द्रनाथ सान्याल हों, ख़ुदीराम बोस हों, प्रफुल्ल चाको ये सब लोग गीता को बाइबिल की तरह लिए चल रहे थे और उससे प्रेरणा पाते हैं। जिस तरह से भारतीय संविधान को वकीलों का स्वर्ग कहा जाता है उसी तरह भारतीय विद्वानों से लेकर राजनीतिज्ञों के लिए गीता स्वर्ग है। परस्पर विरोधी चीज़ें यहाँ न्यायोचित होती हैं। आप जो कहना चाहते हैं गीता के माध्यम से कह सकते हैं। इसलिए यह हमेशा से सत्ता का मोक्षद्वार रहा है।

आज जो सबसे बड़ा संकट मनुष्यता के सामने खड़ा है वह है पहचान का संकट। इस खण्डित दौर में ख़ुद को पहचानने का संकट। महाभारत के रचयिता ने कर्ण के ज़रिये एक नायक गढ़ने की कोशिश की लेकिन एक झूठ के साथ उसे पहचान के चक्रव्यूह में घेर दिया। कोरोना के इस काल में विराट मनुष्य की अपार शक्ति का अहसास भी जब महाशक्तियों को हिला दे तब एक विषाणु के तेज़ विस्तार के आगे ख़ुद को पहचानने का संकट सहज है। कर्ण उसी संकट से ग्रसित एक विराट चरित्र है जो बजरिये दूरदर्शन एक बार फिर खलनायक के खाँचे में खड़ा किया जा रहा है द्रौपदी को वेश्या कहने के कारण, वो भी तब जब छोटे परदे पर राजकुल का हर किरदार उसे उसकी जाति के लिए अपमानित कर रहा हो। स्त्री का ऊँचा कुल एक नायक के नीचे कुल पर भारी पड़ता है। कोरोना काल में पुनःपाठ के क्रम में कर्ण के किरदार पर एक नज़र।

कोरोना में कर्ण

जाति हाय री जाति कर्ण का हृदय क्षोभ से डोला
कुपित सूर्य की ओर देख वह वीर क्रोध से बोला
जाति जाति रटते, जिनकी पूँजी केवल पाषण्ड,
मैं क्या जानूँ जाति? जाति हैं ये मेरे भुजदण्ड।

महाभारत के रचयिता वेदव्यास अपने लेखन के बारे में ऐलान करते हैं कि जो महाभारत में नहीं वो भारत में नहीं, तो उनके एक पात्र कर्ण का इसी भारत में कई बार पुनःपाठ होता है। 'रश्मिरथी' में दिनकर ने कर्ण के माध्यम से जातिवादी व्यवस्था पर प्रहार किया है। महाभारत में कर्ण के किरदार की स्थापना झूठ से होती है। इन्सान के जीवन के सबसे बड़े सत्य उसके जन्म की कहानी को छुपा नायकत्व के कई केन्द्र गढ़े गये।

नायकत्व के गढ़े गये केन्द्रों को बचाने के लिए वेदव्यास ने कर्ण के किरदार को दानवीर तो बनाया लेकिन वो युद्धवीर नहीं बनने दिया जो वर्णवादी व्यवस्था का सूत्रधार होता है। व्यवस्था कर्ण को अपना औज़ार बनाती है, लेकिन निर्णायक क्षण में उसे निर्बल हो जाने का शाप देकर। सामन्ती वर्ण–व्यवस्था में क्षत्रिय ही लड़ सकता है, हत्या कर सकता है और इतिहास का चक्का अपने हिसाब से घुमा सकता है। जहाँ मरने और मारने के खेल पर ही सारे नियम टिके हैं, उस रणक्षेत्र में कर्ण या तो दुर्योधन के उपकार, कुन्ती को दिये वचन और ज़रूरत के समय में ब्रह्मास्त्र का ज्ञान भूल जाने के शाप से घेर दिया गया है।

वेदव्यास जब एक सामन्ती भारत का आख्यान रच रहे थे तो कर्ण को यह भरोसा भी दिला रहे थे कि आने वाले समय में लोग गर्व से कहेंगे कि हमने कर्ण जैसे योद्धा को देखा है। लेकिन वर्ण–व्यवस्था के निचले पायदान में रख दिये जाने भर से वह कर्म के स्तर पर योद्धा की योग्यता से ख़ारिज कर दिया जाता है। महाभारत का हर नायक कर्ण की जाति पर सवाल उठाता है जिसमें विष्णु के अवतार कृष्ण भी शामिल हैं। कृष्ण यानी ब्रह्माण्ड के सारथी के ज़रिये वेदव्यास वर्ण–व्यवस्था की महत्ता स्थापित कर समाज को चलाने के लिए सामन्ती ढाँचे का सन्देश स्थापित कर देते हैं।

अस्मिताओं के संघर्ष के इस दौर में आज दूरदर्शन पर जब कर्ण, द्रौपदी को वेश्या कहता है तो वो खलनायक के खाँचे में खड़ा कर दिया जाता है। लेकिन कुल गर्विता द्रौपदी को यह छूट आज भी जारी रहती है कि वह कर्ण की जाति का अपमान करे। 'वेश्या' बनाम 'सूत–पुत्र' में जाति की अस्मिता हार जाती है और कथित ऊँचे कुल की वधू की सामन्ती अस्मिता को अक्षुण्ण रखने के लिए आधुनिक विमर्श का सहारा लिया जाता है जाति के सवाल पर से पर्दा गिराकर। वेदव्यास सफल हैं क्योंकि आज का भारत उनकी वर्ण–व्यवस्था वाले महाभारत के ढाँचे पर ही खड़ा है। कोरोना के इस समय में महाभारत को बड़े फलक में भी देखा जाये। व्यवस्था के ढाँचे पर कर्ण के प्रतिरोध का स्वर आज भी मुखर है।

इन दिनों टीवी पर दिखाये जा रहे रामायण और महाभारत दो प्राचीन महाकाव्य हैं। ये जोड़ते हैं सम्पूर्ण भारत को। भारत को भारतीयता की पहचान देने वाला, एकसूत्रता में बाँधने वाला महाकाव्य। उत्तर से लेकर दक्षिण या पूरब से लेकर पश्चिम–किसी भी क्षेत्र या भाषा को देखना चाहेंगे तो वहाँ आप इन दो महाकाव्यों की छाप को अलग नहीं कर पायेंगे। नायक हो या खलनायक, मुहावरे तक में ये काव्य अपनी उपस्थिति दर्ज कराते मिलेंगे। जन्म हो या विवाह या फिर अन्य संस्कार गीतों में उनके रस मिलेंगे। जहाँ रामायण नैतिकता की एक महाकाव्यात्मक अभिव्यक्ति है तो

वहीं महाभारत मृत्यु–बोध के अहसास को जीवन कर्म की ऊर्जा से संकल्पित करने का महा–आख्यान है। आज जब मृत्यु–बोध का अहसास वैश्विक परिदृश्य में छाया हुआ है, तब महाभारत का पाठ और पुनःपाठ वैसा ही है जैसे घोर रेगिस्तान में जीवन–जल का अहसास होना। निष्काम कर्म की प्रेरणा तो आज़ादी के दौर में भी बाल गंगाधर तिलक इसी महाभारत से दे रहे थे। क्या आज भी वही निष्काम कर्म की प्रेरणा जीवन के लिए ज़रूरी है? क्या आज सड़कों पर भूख से तड़पते मज़दूरों के बच्चों को महाभारत का निष्काम कर्म की प्रेरणा जीवित रख सकता है? या आज उसी महाभारत के पात्र कर्ण से एक बार फिर से प्रेरणा लेने की ज़रूरत है?

आज जो सबसे बड़ा संकट मनुष्यता के सामने खड़ा है वह है पहचान का संकट। इस खण्डित दौर में ख़ुद को पहचानने का संकट। संकट क्यों? विराट मनुष्य की अपार शक्ति का अहसास भी जब महाशक्तियों को हिला दे तब एक विषाणु के तेज़ विस्तार के आगे ख़ुद को पहचानने का संकट सहज है। कर्ण उसी संकट से ग्रसित एक शक्तिशाली, विराट और विशाल चरित्र है।

रामायण और महाभारत के दो पात्रों की तुलना भारतीय संस्कृति के कई उलझे–सुलझे सम्बन्ध–सूत्रों को खोलने–समझने की दृष्टि दे सकती है। एक विभीषण और दूसरा कर्ण। नायक कौन खलनायक कौन? भारतीय मानसिकता में दोनों में कौन है जो नैतिक भी है और जिसका उद्देश्य भी सही है? यह सवाल स्त्री के नज़रिये से देखें तो एक तरफ़ सीता के अपहरण के लिए ज़िम्मेदार रावण है तो दूसरी तरफ़ द्रौपदी के चीरहरण का ज़िम्मेदार दुर्योधन। विभीषण अपने भाई को छोड़ राम के साथ खड़ा हो जाता है। उसका पक्ष इसलिए नैतिक है। उद्देश्य भी नारी की मुक्ति का है। लेकिन आज भी वह नाम भारतीय समाज की चेतना में मुहावरे के तौर पर ऐसे लिया जाता है जैसे वह घोर अनैतिक हो। यही स्थिति कमोबेश कर्ण के साथ है। पाण्डव को कृष्ण का साथ है। वे नैतिक हैं। उनका उद्देश्य भी सही है। परन्तु कर्ण दुर्योधन के साथ खड़ा है।

कर्ण, भीष्म पितामह नहीं है जो गद्दी और अपने वचन से बँधे थे। उनका यह मूल्यबोध सामन्ती था। लेकिन कर्ण उस भावबोध से बँधा हुआ था जिसमें उसकी पहचान छिपी थी। कुन्ती ने उसकी पहचान छीन कर उसे अनैतिक बना दिया। ठीक उसके विपरीत दुर्योधन ने उसे एक पहचान दी। अब वह किधर जाये? अनैतिक करार दिये सम्बन्धों–जो रक्त सम्बन्ध हैं या पहचान देने वाला जो आज अनैतिक कार्य कर रहा है? महाभारत नैतिकता और अनैतिकता से कठिन तनी हुई रस्सी पर न सिर्फ़ पात्रों को खड़ा कर देता है, बल्कि पाठक भी उसी हालत में ख़ुद को पाता है।

यहीं से हमें लगता है कि अगर नायक और खलनायक की निर्मिति सभ्यता करती है तो ऐसे सैकड़ों पात्र उन नायकों एवं खलनायकों के निर्माण के लिए स्वाहा कर दिये जाते हैं। वे अपनी सम्पूर्ण योग्यता में भूमिका निभाने के लिए स्वतन्त्र नहीं रह पाते। यही कारण है कि कर्ण के चरित्र को परम्परागत ज्ञानालोक से नहीं पहचाना जा सकता। पहचान का संकट सभ्यता के आरम्भ से रहा है। कृष्ण महाभारत में अर्जुन को उसी पहचान के संकट से उबारने के लिए उपदेश देते हैं जो श्रीमद्भगवद्गीता कहलाया। अर्जुन अन्ततः अपने इस संकट से उबर जाते हैं और युद्ध का रास्ता चुनते हैं। कर्ण को कृष्ण पहचान के संकट से नहीं उबार पाते। क्यों? क्योंकि अर्जुन को नायक बनना था। यह सभ्यता का चुनाव था। आज एकलव्य हो या कर्ण–सभ्यता के आगे अपनी पहचान के साथ खड़े हैं अपनी–अपनी मृत्यु का इल्जाम लगाते हुए। तब सभ्यता इनके ज़रिये नायक का निर्माण कर रही थी, आज ये अपने नायकत्व के लिए पुनःपाठ की माँग कर रहे हैं। ख़ासकर मृत्यु–बोध के बीच। जब अमेरिका में भी काले लोगों की मृत्यु की दर बहुत ऊँची है, भारत जैसे देश में भूख और कोरोना के बीच चुनाव के लिए डण्डे खाती जनता अपनी पहचान की खोज कर रही है, तब महाभारत का पुनःपाठ बहुत सारे सुलझे–अनसुलझे अर्थ सन्दर्भ छोड़ देता है।

महाभारत काल के समाज में कई तरह के प्रयोग हो रहे थे। इन्हीं प्रयोगों का परिणाम है द्रौपदी का असाधारण किरदार। पौराणिक आख्यानों में जन्म के स्वरूप का अपना महत्त्व है जो व्यक्ति का ध्येय भी तय करता है। याज्ञसेनी यानी हवन कुण्ड से पैदा हुई द्रौपदी का जीवन, प्राण लेने के प्रण और उसके लिए हुए रण में बीत जाता है। जातिवादी और कुलवादी अभिमान के संवाद बोलते हुए अस्मिता के अतिरेक पर पहुँची द्रौपदी सामन्ती न्याय का प्रतीक बन जाती है। जीवन–हरण जैसा तुरन्ता न्याय ही उसके मान को तुष्ट करता है। नये भारत के लिए महाभारत में द्रौपदी के किरदार का प्रयोग समाज में आदर्श नहीं बन सका। मानव कल्याण के ऊपर निजी प्रतिशोध का आख्यान होने के कारण आज भी आम धार्मिक घरों में न तो रखी जाती है महाभारत और न कन्याओं को दिया जाता है द्रौपदी का नाम। बेबाक बोल में महाभारत की एक और किरदार।

प्रण और रण

महाभारत का युद्ध रोकने के लिए शान्तिदूत बनकर जा रहे श्रीकृष्ण को द्रौपदी धिक्कारती है। पाँच महारथियों की पत्नी को महसूस होता है कि वासुदेव यह युद्ध कहीं रोक न दें। वह उन्हें अपने खुले केशों का हवाला देती है और अपने अपमान की याद दिलाती है। द्रौपदी महाभारत की वह स्त्री किरदार है जिसका आधुनिक से लेकर उत्तर–आधुनिक पाठ किया गया है। ज़्यादातर पाठों में उसे स्त्री अस्मिता के केन्द्र में ही रखा गया है। महाभारत में सबसे मुखर पात्र स्त्री है तो उसके क्या मायने हैं?

यहाँ हम एक बार फिर रामायण और महाभारत की तुलना करेंगे ख़ास कर केन्द्रीय स्त्री किरदारों से। इस तुलना के वक़्त इतिहास के कालक्रम का ध्यान रखेंगे जब रामायण के आदर्शों के विपरीत सामन्ती समाज का विकास हो रहा था। रामायण की सीता का जन्म धरती से होता है और वो धरती में ही समा जाती हैं। मर्यादा की सर्वोच्च अवस्था का पालन करने में सीता की अपनी भूमिका रही और बाद में आदर्श ऐसा कि राम के पहले सीता का नाम बोला गया और सिया बिन राम की करुणा और मर्यादा स्थापित नहीं हो पाती है। इस चरित्र का ऐसा असर कि आम भारतीय घरों में सीता पसन्दीदा नामों में से एक रहा लेकिन द्रौपदी नाम से परहेज ही किया जाता रहा। महाभारत में भी सीता के चरित्र की महिमा उकेरी जाती है। द्रौपदी के पास भी आदर्श के रूप में सीता है।

रामायण के समाज के बाद महाभारत में क़बाइली समाज ख़त्म हो सामन्ती ढाँचे पर खड़ा हो रहा था। सम्पत्ति अर्जन पर ख़ास वर्ग और जाति समूहों का वर्चस्व हो रहा था। सम्पत्ति की लड़ाई बढ़ने के साथ स्त्री की स्वतन्त्रता घट रही थी। स्त्री भी सम्पत्ति की श्रेणी में गिनी जाने लगी और उस पर जबरन आधिपत्य के आख्यान गढ़े जाने लगे। इसी ढाँचे का प्रतिनिधि चेहरा है द्रौपदी। महाभारत की स्त्री किरदार अपने स्वर से सशक्त दिखती है। स्त्री को शाप देने और सौगन्ध लेने का अधिकार है, लेकिन इसका इस्तेमाल पुरुषवादी सामन्ती ढाँचे को मज़बूत करने के लिए ही होता है।

महाभारतकालीन समाज के केन्द्र में शक्ति संघर्ष था। यहाँ एक अस्मितावादी संघर्ष भी देखा जा सकता है। हर किसी के जीवन का ध्येय किसी–न–किसी तरह का प्रतिशोध है। पांचाल नरेश के प्रतिशोध की दहक द्रौपदी को जन्म देती है जिसे याज्ञसेनी के नाम से भी जाना जाता है। द्रौपदी का जन्म ही उस हवन से होता है जो द्रोणाचार्य से बदला लेने के लिए होता है। यानी उसके जन्म का ध्येय ही युद्ध है। अब क़बीलाई समाज पितृसत्तामक हो रहा है तो एक स्त्री का विवाह पाँच पुरुषों से करवाया जाता है। पाँच पतियों की पत्नी होने का आशीर्वाद तो उसे पिछले जन्म में ही मिल गया था इसलिए इस जन्म में कर्ण से उसकी पहली नज़र के प्रेम में बाधक भी कृष्ण ही बने और द्रौपदी ने कर्ण के कथित नीच कुल का उपहास किया। इसी जातीय उत्पीड़न की टीस ने कर्ण को अनुदार बना दिया और उसने भरी सभा में कौरवों के साथ द्रौपदी का अपमान किया। द्रौपदी को हर जगह अपने कुल पर गर्वित होते दिखाया गया है। किस महारथी की बेटी है, किनकी बीवी है, किनकी माँ है और सबसे ज़्यादा अहम कि वह किसकी सखा है। द्रौपदी महाभारत की सबसे शक्तिशाली किरदार बनकर उभरती है क्योंकि उसकी तरफ़ कृष्ण हैं।

महाभारत में द्रौपदी के ज़रिये नये समाज का प्रयोग हो रहा था। एक स्त्री का पाँच पतियों के साथ दाम्पत्य का हल भी श्रीकृष्ण

ही निकालते हैं यौन शुचिता के अपने नियम बनाकर। जैसे प्रतिदिन प्रातः स्नान के साथ ही द्रौपदी को कन्या रूप में वापस आने का वरदान मिला तो सन्तति की प्रक्रिया के लिए पाँचों के बीच सम्बन्धों में एक–एक साल का अन्तराल भी रखा गया। अस्मिता को लेकर अति सजगता ने एक स्त्री को सामन्ती पितृसत्ता का औज़ार बना दिया जिसके जीवन का एक ही लक्ष्य प्रतिशोध और युद्ध था। वह अपने पति से यह सवाल पूछती है कि जो ख़ुद जुए में हार गया वो अपनी पत्नी को कैसे दाँव पर लगा सकता है। लेकिन वह यह भी चाहती है कि उसके पति उसे तुरन्ता न्याय दिलायें। वह हमेशा ख़ुद को पाँच महारथियों की पत्नी कह कर सम्बोधित करती है। लेकिन जब कृष्ण शान्तिदूत बनने की बात करते हैं तो वह ससुराली पक्ष के पुरुषत्व पर सवाल उठा कहती है कि अब मेरे वृद्ध पिता, भाई और पुत्र इसका बदला लेंगे।

द्रौपदी को अपनी हर समस्या का तुरन्ता सामन्ती हल चाहिए था और इसके लिए उसने अज्ञातवास का भी भेद खुलने की परवाह नहीं की। कीचक ने सैरन्ध्री के रूप में उसका अपमान किया तो उसके लिए तुरन्त मृत्युदण्ड की माँग कर डाली। युधिष्ठिर ने जब कहा कि यह दण्ड देने का उचित समय नहीं है तो उनके संयम पर ताने मारे। अब सौगन्ध ले चुकी है कि कीचक कल का सूर्यास्त नहीं देखे तो फिर युधिष्ठिर के विकल्प में भीम है। भीम के पास भुजाओं का बल है लेकिन बड़े भाई की तरह धीरज नहीं। वह कीचक की हत्या कर पत्नी की सौगन्ध पूरी करता है। द्रौपदी जुए में हारी जा चुकी है और यह अपमान उसके अस्तित्व को छलनी कर रहा है। लेकिन वह इसका हल भी उसी सामन्ती प्रवृत्ति में चाहती है जहाँ स्त्री को जुए में हारने वाली वस्तु समझा जाता है। एक मनुष्य की शक्ति उससे ज़्यादा शक्तिशाली के सामने बन्धक हो जाती है।

द्रौपदी का हर प्रण, रण की माँग कर रहा था जिसका नतीजा था महाभारत। जिस सामन्ती स्त्री अस्मिता की रक्षा के नाम पर महाभारत का युद्ध हुआ उसने सबसे ज़्यादा नुक़सान स्त्रियों को पहुँचाया।

द्रौपदी को इस पीड़ा का अहसास तब हुआ जब अभिमन्यु मारा गया। हस्तिनापुर विधवा विलाप से गूँज उठा और मरघटी मंज़र पर गिद्धों और चीलों का सुख देख कर पांचाली के मन में पश्चात्ताप उठता है। कुरुक्षेत्र में द्रौपदी के अपमान के अपराधी दुःशासन, दुर्योधन, कर्ण के साथ वह कौरव राजकुमार भी मारा जाता है जिसने चीरहरण के वक़्त अपनी भाभी द्रौपदी का पक्ष लिया था और भरी सभा में कुलवधू का अपमान करने वालों पर सवाल उठाये थे।

कुरुक्षेत्र के मैदान में महाविनाश के बाद जब द्रौपदी खड़ी होती है तो उसके पास शोक के सिवा कुछ नहीं रहता। उसके अपमान के दोषी मारे जाते हैं। प्रण और प्रतिशोध पूरा हो चुका है तो उसका हासिल क्या है? उसे उन स्त्रियों की सुध भी होती है जिनके जीवन का ध्येय इस तरह का रण और प्रण नहीं था लेकिन अब उनके हिस्से कुछ नहीं रहा। क्या महाभारत से जुड़ीं सारी स्त्रियाँ युद्ध चाहती थीं? स्त्री के सन्ताप का हल यह तो कतई नहीं था। अब कुन्ती को कर्ण का शोक है तो उत्तरा को अभिमन्यु का। द्रौपदी के प्रतिशोध से स्त्री–पक्ष के हिस्से क्या आया?

द्रौपदी ने मानव धर्म के बजाय अपने निजी प्रण को महत्त्व दिया जिसका नतीजा था कुरुक्षेत्र के मैदान में मानवता का मरघट बन जाना। द्रौपदी महाभारत में उस तरफ़ थी जिधर कृष्ण थे। कृष्ण उधर रहते हैं जिधर धर्म है। इतिहास और संस्कृति में द्रौपदी के किरदार को संक्रमण काल की सीमा पर ही छोड़ दिया जाता है। सीता आदर्श और मूल्यों की रक्षा के बाद धरती में समा जाती है लेकिन द्रौपदी अपने पाँच पाण्डव पतियों के साथ स्वर्ग नहीं जा पाती है। हिमालय की सीमा छूते ही उसके पाँव फिसल जाते हैं और जिन पतियों पर इतना अभिमान करती थी उनके अगुआ धर्मराज ने भाइयों को आदेश दिया कि पीछे मुड़ कर मत देखना। जो भीम कभी द्रौपदी के एक इशारे पर हत्या कर देता है वह अपने भाई की बात मान अपनी पत्नी को अकेला छोड़ आगे बढ़ जाता है।

द्रौपदी का हर प्रण मर्दवादी व्यवस्था को मज़बूत करने का बन्धन बना, इसमें कहीं भी स्त्री पक्ष के लिए मुक्ति का मार्ग नहीं खुलता है। निजी प्रण के लिए रण की पैरोकारी हिंसक समाज का ही रास्ता बनायेगी। स्त्री की मुक्ति का औज़ार हिंसा नहीं करुणा ही होगा। किसी भी समाज के पौराणिक और आध्यात्मिक आख्यान उसका आदर्श रचते हैं। द्रौपदी के चरित्र के साथ जो प्रयोग हुआ वह आज भी बहस के घेरे में है। लेकिन जब हम लोक की बात करते हैं तो आम धार्मिक घरों में न तो रखी जाती है महाभारत और न ही आदर्श के रूप में दिखाया जाता है द्रौपदी को।

अर्जुन महाभारत के आधिकारिक नायक हैं। कृष्ण गीता का उपदेश देने के लिए उन्हें ही चुनते हैं। कुरुक्षेत्र के मैदान में अर्जुन की मनुष्यता, देवता से टकराती है। देवता उनके मनुष्य रूप की कमियों, सीमाओं, सम्भावनाओं को जगाते हैं ताकि धर्म की रक्षा हो सके। महाभारत को धर्मयुद्ध की तरह देखा जा रहा था तो अर्जुन धर्म की रक्षा के लिए हाथ जोड़ कर सारी बात मानने के बजाय हथियार रख कर प्रतिरोध भी करते हैं। अपनी तरफ़ से वो हमेशा धर्म की ओर खड़े होते हैं। सर्वश्रेष्ठ धनुर्धर पौराणिक इतिहास के उन चुनिंदा नायकों में हैं जिसने पुरुषत्व के साथ नपुंसकत्व की भी भूमिका चुनी, जहाँ वे नृत्य कला और साहित्य के मर्मज्ञ के रूप में मनुष्यता का कोमल और सबल पक्ष रखते हैं। सत्ता की ताक़त के साथ धैर्य और विवेक को धारण करने वाले ही नायक का दर्जा पाते हैं। बेबाक बोल में अर्जुन।

नायकार्जुन

भारत में सबसे ज़्यादा पूजी जाती है रामायण लेकिन यथार्थ में सबसे ज़्यादा उतरती है महाभारत। महाभारत भारत के सांस्कृतिक इतिहास का सबसे अहम हिस्सा है। इतिहास यानी कि अतीत से वर्तमान का निरन्तर संवाद। नेत्रहीन धृतराष्ट्र संजय से जानना चाहते हैं कि पहला वार कौरवों ने तो नहीं किया। धृतराष्ट्र को युद्ध के परिणाम से ज़्यादा इतिहास की चिन्ता है कि आगे का समय उन्हें कैसे देखेगा। उन्हें इतिहास में सम्मानित श्रेणी में ही रखे जाने की इच्छा है। संजय कुरु नरेश के आँकड़ों पर ध्यान दिलाते हैं कि संयम और विवेक को परे रखने के कारण उन्हें किस रूप में देखा जायेगा। इसके साथ ही कुरुक्षेत्र के मैदान में इतिहास के लिए नायक का निर्माण शुरू हो जाता है। यहाँ पर इतिहास ख़ुद इतिहास बनने का पाठ पढ़ रहा था। कैसे तैयार होता है इतिहास का नायक?

गीता के उपदेश में है नायक का गढ़न। सूत्रधार कृष्ण के ज़रिये महाभारत के आधिकारिक नायक घोषित होते हैं अर्जुन। आधिकारिक इसलिए कि गीता का उपदेश देने के लिए कृष्ण अर्जुन को चुनते हैं। हर काल क्षेत्र का एक ऐतिहासिक उत्पाद तैयार होता है तो महाभारत का वो केन्द्रीय उत्पाद है श्रीमद्भगवद्गीता। गीता सार का ज़रिया बनने वाले अर्जुन ही आज नायकों के प्रतीक के रूप में आधुनिक घरों की बैठकी की दीवारों पर सज्जित होते हैं। आज के सन्दर्भ में इतिहास और नायकत्व को समझने के लिए अर्जुन को समझना ज़रूरी हो जाता है? महाभारत के अन्य पात्रों कर्ण, द्रौपदी और कुन्ती की

तुलना में अर्जुन का पुनःपाठ कम ही हुआ है। इसकी वजह है कृष्ण द्वारा अर्जुन को आधिकारिक नायकत्व का दर्जा देना।

आम घरों में आज भी यह सवाल उठता है कि अर्जुन को नायक का दर्जा कैसे दें जबकि उसकी वीरता की शुरुआत होती है छल से। कुरुक्षेत्र का युद्ध शुरू हुए दस दिन बीत जाते हैं और पाण्डवों को महसूस हो जाता है कि भीष्म पितामह के होते उनकी जीत तय नहीं है। इसके लिए कृष्ण की सलाह से अर्जुन छल करते हैं और अपने रथ पर शिखण्डी को रखते हैं। कर्ण जैसे योद्धा की हत्या भी अर्जुन के शौर्य नहीं अपने बेटे के लिए इन्द्र के किये गये छल और शल्य के कारण होती है। तो जहाँ छल से मारा गया कर्ण और शिखण्डी की आड़ में शरशय्या पर भेजे गये भीष्म हैं, वहाँ एक आम नज़र अर्जुन को सबसे बड़े योद्धा के रूप में देखने से इनकार करे, यह लाजिम है। इसी नज़र को व्यापक करने के लिए ज़रूरत होती है इतिहास की क्योंकि इतिहास व्यक्ति को काल और समाज के सापेक्ष रख कर देखता है। इतिहास आज और अभी का नहीं हज़ारों साल के आगे और पीछे का होता है। आज सैकड़ों साल बाद भी महाभारत हमें हर घर, समाज और देश में घटित होती दिखती है तो इसलिए क्योंकि इसमें इतिहास के सबक हैं। महाभारत इस सत्य का सामना करवाता है कि नायक की मनुष्यता को दैवी मूल्यों से टकराना होता है। सफ़ेद और काले रंग के भी आज जब कई विमर्श हैं तो हम अर्जुन को भी उसी धूसर रंग में देखेंगे जो इतिहास को स्वीकार्य है।

गीता का मूल सवाल यही है कि मैं क्या हूँ। पूरी महाभारत में 'मैं' से सबसे ज़्यादा ग्रसित अर्जुन ही है। राजकुल के वरिष्ठों का आज्ञाकारी और महान धनुर्धर के रूप में परिभाषित। उसके 'मैं' की पराकाष्ठा है कि वह हथियार रख देता है और अपने दायित्व से मुँह मोड़ लेता है। अर्जुन को लगता है कि उसके हथियार डाल देने से युद्ध टल जायेगा। यहीं पर कृष्ण जीव और जगत की दार्शनिक व्याख्या करते हैं। यहाँ जगत का मध्यकालीन बोध सामने आता है। इस जगत को ईश्वर ने रचा है, और सब कुछ नश्वर है। गीता में मृत्यु को जीवन और 'मैं' से जोड़ने की दार्शनिक व्याख्या है।

कृष्ण जैव जगत के एक सदस्य के रूप में अर्जुन को उसकी तुच्छता का अहसास करवाते हैं। नश्वर 'मैं' के सामने अनश्वर ब्रह्म का साक्षात्कार होता है। अर्जुन की तुच्छता का बोध करवा उसके 'मैं' का विसर्जन करवाते हैं। आज के सन्दर्भ में अर्जुन की व्याख्या अहम हो जाती है जब नायकत्व को हर खाँचे की पड़ताल से गुज़रना पड़ता है।

अर्जुन इन्द्र का बेटा और कृष्ण का सखा है। मनुष्य है लेकिन देवताओं का प्रिय है। वह बलशाली होने के साथ बुद्धिमान और गुणी भी है। इसके साथ जो सबसे अहम चीज़ उभर कर आती है वो है धैर्य। ताक़त के साथ नियन्त्रण आता है तभी आप नायक बनते हैं। बुद्धि और विवेक के बिना खालिस मर्दानगी वाली ताक़त तो महाभारत के कई चरित्रों में है। लेकिन धैर्य और विवेक का धारण अर्जुन ही करते हैं। अर्जुन अगर भीष्म पर विजय पाने के लिए शिखण्डी का सहारा लेने की कृष्ण की सलाह मानते हैं तो इसमें भी एक इतिहास बोध है। आज जब विमर्श में जेंडर का औज़ार सबसे धारदार है और मानव अस्तित्व स्त्री और पुरुष के खाँचे से निकल अन्य पहचानों में मुखर है तो हम पौरुष के साथ नपुंसकता के रूप को भी देखते हैं। वृहन्नला के रूप में अर्जुन से नायकत्व कहीं दूर नहीं जाता लेकिन मनुष्यता और नज़दीक आती है।

स्वर्ग की अप्सरा उर्वशी अर्जुन पर मोहित होती है तो अर्जुन माँ का स्वरूप मान कर उसके अनुरोध को ख़ारिज कर देते हैं। उर्वशी को लगता है कि अर्जुन ने उसके रूप और गुण का अपमान किया है तो उसे शाप दे देती है जिसे अर्जुन सहर्ष स्वीकार करता है। ऐसा नायक जो एक तरफ़ वीर और दूसरी तरफ़ नपुंसकता का भी रूप है। इस कारण वह कला और संगीत का मर्मज्ञ बनता है जो उसे ज़्यादा विवेकवान बनाता है। अर्जुन का विवेक और धैर्य ख़ास कर तब दिखता है जब द्रौपदी को जीत कर आता है। जीत उसकी है लेकिन जब माँ का आदेश मान द्रौपदी के पाँचों पाण्डव से विवाह की बात आती है तो वह धैर्य नहीं खोता है। द्रौपदी के चीरहरण के वक़्त भीम तो धैर्य खो देता है लेकिन अर्जुन वहाँ भी संयम बरतने में कामयाब होता है। ताक़त और सत्ता का गठजोड़ धैर्य और विवेक के

साथ होता है तो कैसे वह विशिष्ट होता है इसका उदाहरण अर्जुन है। इसी विशिष्टता का परिणाम है कि अपने पुत्र अभिमन्यु की हत्या के बाद भी अर्जुन गुरु पुत्र अश्वत्थामा की हत्या नहीं करता है। ये नैतिक मूल्य ऐसे नायक की निर्मिति करते हैं जो देवताओं को भी प्रिय है। युद्ध के समय मनुष्य की भाँति व्यवहार कर वह मनुष्यता के मानदण्ड को ही ऊँचा करता है।

महाभारत प्रतीक है धर्मयुद्ध का और अर्जुन हर बिन्दु पर धर्म के साथ खड़ा दिखायी देता है। वह धर्म की रक्षा के लिए प्रतिरोध करता है। उसे अपने भाइयों की हत्या में धर्म नहीं दिखायी देता है तो अपने शस्त्र रख देता है। भीष्म को हराने के लिए शिखण्डी की आड़ लेने के कृष्ण के प्रस्ताव पर भी आपत्ति करता है। भीष्म जब शरशय्या पर पड़े हैं तो अर्जुन जाकर उनसे माफ़ी माँगता है कि मैंने इतने कायराना तरीक़े से आप पर वार किया। कर्ण के रथ का पहिया जब ज़मीन में धँस जाता है तो अर्जुन उस पर तीर नहीं चलाता है क्योंकि वो निहत्था था, लेकिन कृष्ण कहते हैं मारो उसे याद करो, अभिमन्यु भी निहत्था था। मनुष्यता के इतिहास की बात करें तो मर्दानगी के साथ नपुंसकता के विशिष्ट संयोग के कारण आज भी अर्जुन सबसे अलग दिखते हैं।

आज के समय में महाभारत के किरदारों से संवाद करते हुए जब हम अभिमन्यु से टकराते हैं तो उसकी हत्या हमें उद्वेलित करती है। अभिमन्यु के छोटे किरदार के पास इतिहास का बड़ा सबक है। सत्यवती ने उस सन्तति के उत्तराधिकार की माँग की जो इस दुनिया में आयी ही नहीं थी। इस एक माँग से पूरा भरत वंश राष्ट्र के बजाय सन्तति और उत्तरदायित्व के बजाय उत्तराधिकार के युद्ध में उलझा रहा। शान्तनु और सत्यवती के वर्तमान को सुखद बनाने के लिए ली गयी भीष्म प्रतिज्ञा ने इतिहास को ऐसे कुरूप मोड़ पर ले जाकर खड़ा किया कि अभिमन्यु जैसा ओजस्वी युवा भरत वंश के श्रेष्ठों और कुलगुरुओं की कुनीति के चक्रव्यूह में मारा गया। समय के चक्र में आज भी अभिमन्यु की आवाज़ गूँज रही है कि माँ के गर्भ में विद्या सीखी जा सकती है कुनीति और छल नहीं। बेबाक बोल में अभिमन्यु।

अभि हूँ मैं

किसी भी सभ्यता–संस्कृति के पौराणिक आख्यान उसके जीवन मूल्यों की व्याख्या करते हैं, मर्यादा और मनुष्यता को रेखांकित करते हैं। भारतीय सभ्यता–संस्कृति में महाभारत रची–बसी तो है परन्तु इससे प्रेषित मूल्यों की अपनी जटिलताएँ हैं। समाज के लिए साहित्य उसकी संस्कृति की सीढ़ी है, और महाभारत के किरदारों की सीढ़ी पर चढ़ते हुए जब हम अभिमन्यु से टकराते हैं तो ज़्यादा देर खड़े नहीं रह पाते हैं। समझ नहीं आता कि इस सीढ़ी से ऊपर बढ़ें या नीचे उतरें। लेकिन अभिमन्यु तो कह रहा है, ज़रा यहीं पर ठहर कर मुझसे टकराओ, मैं इतिहास का वो बिन्दु हूँ जो तुम्हारे गीता के ज्ञान पर भी सवाल उठा देगा। पूछो, उस कृष्ण से कि मेरी उम्र इतनी छोटी क्यों? यह कहानी तो देवत्व की साख के लिए ज़रूरी है कि मैं चन्द्र देव का अंश हूँ और पिता ने इसलिए कम उम्र के लिए धरती पर भेजा कि मेरा वियोग ज़्यादा दिन तक नहीं सह सकें। लेकिन जब मैं मनुष्य योनि में आया तो मनुष्यता को अपने हिस्से का क्या देकर गया? महाभारत की धरती पर मेरा क्या मूल्यांकन है? उत्तराधिकार की इस लड़ाई में मेरी बर्बर हत्या का ज़िम्मेदार कौन है?

अभिमन्यु के छोटे किरदार को जितना स्नेह मिला उसके बलिदान पर ज़्यादा बहस नहीं हुई। एक यशस्वी युवा अपने चाचा और उनके महारथियों द्वारा घेर कर मार दिया जाता है। महाभारत में अभिमन्यु जैसे अभिनव किरदार की हत्या उद्वेलित करती है और उत्तराधिकार के नाम पर आज भी सामन्ती मानसिकता से जूझ रहे उस

भारत से सवाल करती है जो अपने बेटे के सशक्तीकरण के लिए दूसरे के बेटे के अधिकारों की हत्या को जायज़ मानता है। सत्यवती ने उस सन्तति के उत्तराधिकार की माँग की जो इस दुनिया में आयी ही नहीं थी। इस एक माँग से पूरा भरत वंश राष्ट्र के बजाय सन्तति और उत्तरदायित्व के बजाय उत्तराधिकार के युद्ध में उलझा रहा।

महाभारत की लड़ाई के मूल में है कि मेरी सन्तति को क्या, कितना और कैसे मिलेगा। इसलिए इतिहास में जब अभिमन्यु पर बात की जाये, तो उसके चचेरे भाई लक्ष्मण को भी रखा जाये। दुर्योधन के बेटे लक्ष्मण और अर्जुन के बेटे अभिमन्यु की मौत को एक साथ देखने की वकालत हम क्यों कर रहे हैं?

अभिमन्यु पाण्डवों के वंश की वो सन्तान है जिसे सब कुछ विशिष्ट मिला। वह कृष्ण की बहन सुभद्रा का बेटा है। सुभद्रा बलराम और कृष्ण की बहन है। बलराम चाहते थे कि उनकी बहन सुभद्रा की शादी दुर्योधन से हो जाये। लेकिन बलराम की इस इच्छा के ख़िलाफ़ कृष्ण ने अर्जुन को कहा कि वह सुभद्रा का अपहरण कर उससे विवाह रचाएँ। अर्जुन के मन में सुभद्रा के प्रति प्रेम भी कृष्ण ही जगाते हैं। यहाँ दुर्योधन के मन में कटुता आनी स्वाभाविक है। वक़्त का पहिया आगे बढ़ता है लेकिन कृष्ण का पक्षपात नहीं थमता है। अब बलराम की बेटी की शादी दुर्योधन के बेटे लक्ष्मण से करने की बात हुई तो कृष्ण ने उसमें भी बाधा पहुँचाई। इस तरह का पक्षपात रक्तपात की ओर जानेवाली शत्रुता पैदा करता है। कायदे से कृष्ण दुर्योधन के भी भाई और लक्ष्मण के भी मामा हुए। बलराम ने समझौते और शान्ति की जो स्थिति बनानी चाही कृष्ण उसमें दखल देते रहे और शत्रुता की स्थिति बहाल होती रही।

कुरुक्षेत्र में लक्ष्मण के मारे जाने के बाद दुर्योधन का निशाना अभिमन्यु हो गया यानी पुत्र के बदले पुत्र का प्रतिशोध। दुर्योधन के कहने पर द्रोणाचार्य ने अचानक चक्रव्यूह की रचना की जिसे भेद सकने की क्षमता सिर्फ़ अर्जुन में थी और जिसे युद्धभूमि से दूर ले जाया गया। अभिमन्यु को घेर कर जयद्रथ ने अन्दर ले लिया और बाक़ी सबको

बाहर रहने दिया। यह हत्या लक्ष्मण की हत्या का बदला लेने के लिए हुई जिसमें नीति–कुनीति सबका इस्तेमाल हुआ। उत्तराधिकार को लेकर हुई इस लड़ाई में दोनों ओर के उत्तराधिकारी मारे गये।

महाभारत में कृष्ण का चरित्र पात्र की भूमिका में न होकर सूत्रधार की भूमिका में है। अन्य चरित्रों का अस्तित्व इस बात पर निर्भर करता है कि कृष्ण उनके साथ खड़े हैं या ख़िलाफ़ और वे ही यह धारणा भी स्थापित करते हैं कि वे जिधर खड़े हैं धर्म भी उधर खड़ा है। जो उनके ख़िलाफ़ है उन्हें कृष्ण से भी पार पाना है। कौरवों और पाण्डवों के बीच जहाँ भी एकता की सम्भावना बनती दिखायी देती है कृष्ण उसे आगे नहीं बढ़ने देते हैं। वे एक तरफ़ तो भाईचारे की बात करते हैं वहीं दूसरी तरफ़ हर उस पल को पलट देते हैं जो मनभेद को कम करने की ओर जाता दिखता है।

अभिमन्यु पाण्डव कुल की वो सन्तान है जिसे हर कुछ विशिष्ट मिला है। इतना योग्य कि माँ के पेट में विद्या मिली, पैदा हुआ तो कृष्ण ने प्रशिक्षित किया, कृष्ण के बेटे ने भी अपने हिस्से का ज्ञान दिया। अर्जुन और भीम ने सिखाया। दूसरी तरफ़ दुर्योधन का बेटा है, वो भी योग्य और कौशलपूर्ण है। लेकिन उसकी मृत्यु होती है तो वो परिधि में चला जाता है। उस पात्र को कोई तवज्जो नहीं दी जाती है जिसके साथ पहले से ही कुठाराघात हो चुका है।

एक ही परिवार के अन्दर जो युद्ध की स्थिति पैदा होती है उसमें कृष्ण की भूमिका तटस्थ नहीं है। वो किसी भी तरह से इस युद्ध को ख़त्म करने की सम्भावनाओं को टटोलने नहीं देते हैं। युद्ध के सूत्रधार वो हैं और अभिमन्यु उनका सबसे प्रिय योद्धा। कृष्ण का लक्ष्य है कि अर्जुन कौरव पक्ष के उन योद्धाओं का निर्मोही होकर बध करते रहें जो और किसी के वश में नहीं है। अर्जुन को दूसरों का छल दिखा कर अपने सारे छल को न्यायोचित ठहरा देते हैं। अभिमन्यु की हत्या को वो अर्जुन के ओज को और उग्र करने के अवसर के रूप में देखते हैं। युवा अभिमन्यु ने अभी सिर्फ़ वीरता और नीति सीखी थी छल और कुनीति के व्यावहारिक ज्ञान की प्रयोगशाला में पारंगत

होने के लिए उसे वक़्त नहीं दिया गया। कुरुक्षेत्र की युद्धभूमि में सारे नियम तोड़े जा चुके थे। घर के बड़े कुनीति और पक्षपात के रास्ते पर चले तो लक्ष्मण और अभिमन्यु जैसे बच्चों का रक्तपात हुआ।

अभिमन्यु के भविष्य की भ्रूण हत्या सामन्ती समाज के इतिहास को परखने का पैमाना देती है। वो आज भी कह रहा है कि माँ के पेट से विद्या सीखी जाती है छल और कुनीति नहीं। वह तो अभी बालमन में था कि विद्या और नीति की राह पर ही चलना है। अबोध मन किसी का विनाश नहीं चाहता है। जिन महारथियों, कुलगुरुओं और आचार्य का सिर्फ़ गुणगान सुना था अभिमन्यु के सामने या तो वे नियम तोड़ते नज़र आते हैं या नियमों के ख़िलाफ़ छल से मारे जाते हुए। भरत वंश के सुनहरे अतीत का मलबा इस वर्तमान पर ऐसा गिरता है कि वह भारत के भविष्य का हिस्सा नहीं बन पाता है।

आज के समय में अभिमन्यु इतिहास का सन्देश दे रहा है कि युद्ध का सूत्रधार जिधर रहेगा जीत भी उधर के मोहरों को ही मिलेगी। अगर दोनों पक्ष की तरफ़ से छल के बदले छल को जायज़ नहीं ठहाराया जाता तो नियम बचे रहते और वह सूर्यास्त होने के बाद घर जा पाता अपनी माँ और गर्भवती पत्नी के पास। वह युद्ध के दोनों पक्षों का सार बता रहा है कि कुनीति और पक्षपात का परीक्षण कर उसे समय रहते समानता, समझौते और सौहार्द की भाषा में बदला जाना चाहिए ताकि सूर्यास्त के बाद हर बच्चा घर लौट सके।

पौराणिक आख्यानों के स्याह चरित्रों ने इतिहास और संस्कृति को अपनी तरह से प्रभावित किया है। महाभारत की विशेषता है कि इसमें खलनायक के खाँचे में खड़े व्यक्ति को भी इतना जटिल रूप दिया गया है कि हम उसमें नायकत्व खोजने लगते हैं। दुर्योधन जैसे खलनायक में भी वीरता और दोस्ती के लिए किसी भी हद तक जाने के गुण दर्शाये गये हैं। दुर्योधन का किरदार मुखर होकर दावा करता है कि वह राजा के बेटा के राजा होने के कुदरती अधिकार के लिए लड़ रहा है। दुर्योधन का अन्त छल से होने के साथ ही उसके नायकत्व की ऐसी शुरुआत होती है कि कई विमर्शों में उसके नाम को सुयोधन कहने की सिफ़ारिश होती है। कृष्ण के इशारे पर भीम द्वारा छल से मारा गया दुर्योधन एक ऐसी सहानुभूति बटोर ले जाता है कि आज भी हम सब उसी के होने जैसा तर्क ढूँढ़ने लगते हैं। बेबाक बोल में दुर्योधन के द्वन्द्व पर बात।

दुर्योधन का द्वन्द्व

यदा यदा हि धर्मस्य ग्लानिर्भवति भारत।
अभ्युत्थानमधर्मस्य तदात्मानं सृजाम्यहम्।।

'हे भारत! जब–जब धर्म की हानि और अधर्म की वृद्धि होती है, तब–तब ही मैं अपने रूप को रचता हूँ अर्थात् साकार रूप से लोगों के सम्मुख प्रकट होता हूँ।' गीता का यह श्लोक नीति और नायक की निर्मिति की शुरुआत है। 'महाभारत' का जैसा प्रभाव हमारी सभ्यता–संस्कृति पर पड़ा है उतना किसी और का नहीं। लेकिन इसका सन्देश इतना जटिल है कि हम बार–बार अपने समय और उसके सन्दर्भ में इसका पुनःपाठ करते हैं। धर्म की हानि और अधर्म की वृद्धि की इस मुठभेड़ का सभ्यता को क्या हासिल है? इस श्लोक के बाद हुए युद्ध के अन्तिम दृश्य में कुरुक्षेत्र में एक सुनसान स्थल पर दुर्योधन कराह रहा है। कमर के नीचे घायल दुर्योधन अब एकतरफ़ा खलनायक नहीं रह जाता है। वह सही और ग़लत के बीच की ऐसी बहस छोड़ जाता है कि हम सब के अन्दर आज भी एक दुर्योधन पैदा हो जाता है।

'महाभारत' में राजसत्ता और उसे हासिल करने के लिए नीति और आदर्श की निर्मिति होनी थी। लेकिन हुआ यह है कि साम–दाम–दण्ड–भेद राजनीति के मूल्य बन गये। दुर्योधन का पूरा चरित्र इसी मूल्य स्थापना का सन्धान है कि क्या होना चाहिए। महाभारत में कृष्ण और शकुनि मामा जैसे चरित्र आमने–सामने खड़े हैं। इन दोनों की धर्म की अपनी व्याख्या है। फिर धृतराष्ट्र और

पाण्डु जैसे दो भाई हैं। दोनों में बड़ा धृतराष्ट्र है लेकिन शारीरिक अयोग्यता के कारण उसे गद्दी नहीं मिलती है। यहाँ पर राजसत्ता के लिए शारीरिक योग्यता को एक नियम बनाने की कोशिश होती है। लेकिन पाण्डु की अनुपस्थिति और मृत्यु के बाद नेत्रहीन धृतराष्ट्र को ही राजा बनाया जाता है।

धृतराष्ट्र के अन्दर अपनी नेत्रहीनता को लेकर हीन भावना पैदा हो जाती है कि बड़ा पुत्र होने के कारण जो मेरा कुदरती अधिकार था उसे छीन लिया गया है। अपनी शारीरिक कमी से उसके अन्दर एक महत्वाकांक्षा भी पैदा होती है, जिसे पितृमोह का नाम दिया जाता है। अपनी सन्तति को राजा देखने की ललक उसके अपने जीवन की कमी से निकली है। इस कमी और हीनता का धारण गान्धारी में भी हो जाता है, जब उसे कुन्ती के उससे पहले पुत्रवती हो जाने के कारण भर्त्सना मिलती है। दुर्योधन को जन्म के पहले ही युधिष्ठिर की चुनौती मिल जाती है कि वह उससे पहले जन्मा है। उसकी पहली किलकारी के पहले ही माँ–पिता ग्लानि में जा चुके हैं। हीन भावना से ग्रसित माँ–बाप और बहन के बेमेल विवाह से नाख़ुश शकुनि मामा। महत्वाकांक्षा और प्रतिशोध के औज़ार के रूप में दुर्योधन नीति और राजनीति के अपने प्रतिमान गढ़ता है।

कौरव गान्धारी और धृतराष्ट्र के कुदरती पुत्र हैं। दूसरी तरफ़ सारे पाण्डव देवता पुत्र हैं, जिनका पाण्डु से रक्त–सम्बन्ध नहीं है। यहाँ पर दुर्योधन के मन में स्वाभाविक रूप से यह धारणा बनती है कि राजा का बेटा राजा के नियम से राजगद्दी उसे ही मिलनी चाहिए तो पाण्डवों का तर्क था कि धृतराष्ट्र महज पाण्डु के प्रतिनिधि हैं और हस्तिनापुर की गद्दी पर पहला हक उनका है। महाभारत में सत्यवती और शान्तनु की कहानी के साथ राजा कौन के नियम पर द्वन्द्व शुरू होता है। राजसत्ता के गठन के साथ राजसत्ता पर अधिकार का मार्ग क्या हो? वहीं से धर्म और अधर्म के रास्ते तय होते हैं। 'महाभारत' इसी धर्म और अधर्म को राजसत्ता के नज़रिये से देखने की नज़र विकसित करती है।

महाभारत के ज़रिये सामन्ती मूल्य स्थापित हो रहे थे कि पिता की शारीरिक विकलांगता से तय हुए अयोग्यता के नियम को उसकी सन्तति को भी ढोना पड़ेगा। पति नेत्रहीन है तो उसकी पत्नी को भी दुनिया के रंग देखने से वंचित हो जाना चाहिए। गान्धारी के आदर्श के ज़रिये एक ऐसे मर्दवादी सामन्ती ढाँचे का निर्माण होता है जो स्त्री की हैसियत को कमज़ोर करता है। पति से बेहतर होना स्त्रीधर्म के बोध से कमतर हो जाना है। गान्धारी के आदर्श ने उसके बेटे के जीवन में ऐसा अन्धकार रचा कि वह उसके भाई के जीवन ध्येय का मोहरा बन गया।

माता–पिता से लेकर मामा तक ने दुर्योधन के मन में यही मैल पैदा किया कि राजा होना उसका एकाधिकार था जो उससे छीन लिया गया। यहीं से राजसत्ता के लिए शत्रुता की भावना पैदा होती है। महाभारत से लेकर मध्यकाल तक हम इस सामन्ती मूल्य को देखते हैं कि राजसत्ता के लिए सब कुछ जायज़ है। पूरी मुग़ल सल्तनत में पिता से लेकर भाई तक की क़ैद और क़त्ल होते रहे क्योंकि उत्तराधिकार की जंग में तख्त और ताबूत में से किसी एक को चुनना होता था। सामन्ती दौर का मुख्य चरित्र ही यही बन गया कि नियमों को अपनी तरफ़ मोड़ कर किसी भी तरह से सत्ता पर क़ब्ज़ा करो। महाभारत में कृष्ण का पदार्पण धर्म की स्थापना करने के लिए ही होता है। जो उनके साथ हैं वे सभी धर्म के भी साथ हैं। कृष्ण धर्म की स्थापना के लिए भी अधर्म का सहारा लेते हैं। गदा–युद्ध में कमर के नीचे वार करना अधर्म की श्रेणी में आता है लेकिन वे भीम को यही करने के लिए कहते हैं। भीम व दुर्योधन के गुरु और गदा–युद्ध के योद्धा बलराम इस अधर्म के लिए भीम से नाराज़ भी होते हैं जिन्हें सन्तुष्ट करने के लिए श्रीकृष्ण के पास तर्क थे। 'महाभारत' राजसत्ता का चरित्र तैयार करने के साथ धर्म और अधर्म की व्याख्या भी रचती है। दुर्योधन के जन्म और उसके अन्त के साथ यही सन्देश जाता है कि राजसत्ता को पा लेना ही धर्म है। धर्म को आगे बढ़ा सत्ता के सूत्रधार के रूप में स्थापित होते हैं कृष्ण।

दुर्योधन की अन्य चरित्रों के साथ तुलना करें तो यह मित्रता के लिए कुछ भी कर सकता है। उसकी दोनों शादियाँ हरण के ज़रिये होती हैं और दोनों में साथ देता है कर्ण। दोनों धर्म और अधर्म सभी मार्ग पर एक–दूसरे का साथ देते हैं। उसकी यही समझ बनती है कि उसके राजा बनने के कुदरती अधिकार का हनन किया गया है इसलिए राजगद्दी को हासिल करना ही उसका धर्म है। वहीं कृष्ण कहते हैं कि असल धर्म ज्येष्ठ पाण्डव को हस्तिनापुर की सत्ता दिलाना है।

महाभारत में दुर्योधन का जीवन और अन्त हमारे सामने एक पाठ की तरह है कि हम आज भी वहाँ से धर्म और अधर्म की व्याख्या तय करते हैं। भारत में लोक से सबसे असरदार तरीक़े से जुड़ने वाले सिनेमा में दुर्योधन जैसे चरित्र का महिमामण्डन हुआ है जो मोहब्बत और जंग में सब कुछ जायज़ समझता है। अधर्म से मारे जाने के कारण दुर्योधन वैसा खलनायक है जिसमें जनता नायकत्व ढूँढ़ती है। आज दुर्योधन से सहानुभूति होती है कि उसकी सेना की कमान भीष्म पितामह और द्रोणाचार्य जैसे योद्धा के पास थी जो दुर्योधन के लिए तीर चलाते हुए पाण्डवों की जीत की कामना करते थे। दुर्योधन के सेनापति भीष्म का धर्म था कि पाण्डवों का वध नहीं करना है और पाण्डवों के सारथी कृष्ण का धर्म था कि किसी तरह कौरवों का वध करना है। सत्ता पाने के बीच उठते हर नैतिक बोध पर कृष्ण का धर्म कौरवों के अधर्म को याद दिलाना होता था।

आम जनता दुर्योधन के साथ आदर्श के अन्त का भी सन्देश ग्रहण करती है। दुर्योधन का अन्त छल के बिना होता तो वह सभ्यता के लिए बड़ा सन्देश होता और दुर्योधन एक खलनायक के तौर पर ही देखा जाता। लेकिन नियमों के ख़िलाफ़ जीत हासिल करवा कर कृष्ण दुर्योधन के लिए सहानुभूति का भी द्वार खोल देते हैं।

आज की राजनीति में भी हम महाभारत के स्थापित किये इन्हीं मूल्यों के साथ खड़े होते हैं। राजसत्ता पर काबिज़ होना ही धर्म है चाहे उसके लिए कोई भी तरीक़ा अख़्तियार करना पड़े।

आलोचना होती है एक राजनीतिक दल के अनैतिक कार्य की तो दूसरा राजनीतिक दल कहता है कि तुमने भी तो यही किया था। ग़लती का जवाब ग़लती से देने वाले हममें से ज़्यादातर लोग कब अपने अन्दर एक दुर्योधन को जीने लगते हैं हमें पता भी नहीं चलता। यहीं पर महसूस होता है कि दुर्योधन मर कर भी जीत गया।

महाभारत–कथा की जड़ में है वंशबेल और इस वंशावली में अहम कड़ी है स्त्री। महाभारत की स्त्री किरदार भी पुरुषों की तरह ही धूसर रंगों में हैं। आदर्श रचने की कोशिश करती स्त्रियों का अन्त अभिशाप के रूप में सामने आता है। जो अपनी कोख में धर्मराज को धारण कर चुकी थी उसे भी सच को छुपाने के अधर्म के रास्ते पर ही चलना पड़ा। महाभारत में छह कौन्तेय को समय रहते एक साथ खड़ा कर दिया जाता तो पाँच पाण्डव ख़ुद को ज्येष्ठ कौन्तेय की हत्या का अपराधी महसूस नहीं कर रहे होते। कुन्ती की दादी सास सत्यवती ने अपने इतिहास का यह पन्ना गर्व के साथ खोला कि मुनि पराशर ने उसके गर्भ को ज्ञान का अंकुर फूटने के लिए इस्तेमाल किया था और वो ब्याहता होने से पहले वेदव्यास जैसे युग प्रवर्तक की माता बनी। लेकिन उसकी पुत्रवधू इस सच को छुपाने के कारण ग्लानि गाथा में बदल गयी। बेबाक बोल में कुन्ती।

कुन्ती कर्म

आपके मौन ने इतना बड़ा युद्ध करवा दिया, लाखों लाशें बिछ गयीं। आपकी विवशता पूरे भारतवर्ष को महँगी पड़ी। इस रणभूमि के लिए केवल आप उत्तरदायी हैं। आपने हमें ज्येष्ठ भ्राताश्री का हत्यारा बना दिया। कुरुक्षेत्र के मैदान में अपनी माँ कुन्ती से बोले गये धर्मराज युधिष्ठिर के ये शब्द इतिहास पर नया बोझ डाल देते हैं। पाँचों पाण्डव ज्येष्ठ कौन्तेय के शव को अपनी माँ के अधर्म के रूप में देखते हैं।

कुन्ती पर बात करने के पहले हम यह समझ लें कि महाभारत के लेखक मुनि वेदव्यास ख़ुद एक कानीन पुत्र (नियोग यानी बिना शारीरिक सम्पर्क के सन्तति होना) हैं। महाभारत में लेखक ख़ुद एक किरदार बनकर तब अवतरित होते हैं जब चित्रांगद और विचित्रवीर्य की मृत्यु के बाद भरत वंश को आगे बढ़ाने वाला कोई नहीं होता है। भीष्म के विवाह से इनकार करने के बाद सत्यवती बेहिचक यह राज खोल देती है कि मुनि वेदव्यास उसकी सन्तान हैं जो विवाह के पहले हुए थे। सत्यवती ने अपने इतिहास का यह पन्ना गर्व के साथ खोला कि मुनि पराशर ने उसके गर्भ को ज्ञान का अंकुर फूटने के लिए इस्तेमाल किया था और वो ब्याहता होने से पहले वेदव्यास जैसे युग प्रवर्तक की माता बनी। लेकिन सत्यवती का यह गर्व उसी बेटे पाण्डु की ब्याहता के लिए शर्म का विषय क्यों हो गया जो ख़ुद नियोग विधि से पैदा हुआ था। सत्यवती भी शादी के पहले माँ बनी जो ऐतिहासिक गर्व का विषय था और कुन्ती भी बिन ब्याही माँ बनी जो उसके जीवन की ग्लानि गाथा हो गयी।

कुन्ती कोई मामूली स्त्री नहीं थी। अत्यन्त रूपवती होने के साथ इतनी गुण सम्पन्न कि सबको शाप देने वाले मुनि दुर्वासा उसे वरदान देकर जाते हैं। उसने ख़ुद की इच्छा से सूर्यदेव का आह्वान किया और उनके अंश को धारण किया। वरदान दुर्वासा ऋषि का है और गर्भ में अंश सूर्यदेव का है तो फिर क्या भय? लोकनिन्दा का भय होता तो क्या उसके आह्वान पर दुर्वासा और सूर्यदेव आकर स्थिति स्पष्ट नहीं कर सकते थे? देवों का आह्वान करने वाली स्त्री इतनी कमज़ोर साबित हुई कि अपनी सन्तान का त्याग कर दिया और स्त्री जाति के लिए एक मज़बूत आदर्श बनने के बजाय उसे उस मर्दवादी सोच के शिकंजे में कस दिया कि स्त्री के गर्भ पर उसका कोई अधिकार नहीं है, वह सिर्फ़ पुरुष की वंशबेल के लिए उर्वर ज़मीन भर है।

जब पाण्डु के वंश–वृक्ष पर संकट आया तब कुन्ती का यही अभिशाप सामन्ती सत्ता के लिए वरदान बनकर आया। पाण्डु अपनी ब्याहता के इस दैवी शक्ति के आधार पर सगर्व पिता बनने को तैयार हो गये। कुन्ती तब भी उन्हें कर्ण के बारे में बता सकती थी लेकिन यह मौक़ा भी उसी डर में गँवा दिया कि पति और समाज उसके बारे में क्या कहेंगे। लोग पिता बनने में अक्षम पाण्डु को कोई दोष नहीं देंगे लेकिन देवों के अंश को अपने गर्भ में धारण करने वाली स्त्री इतिहास के सामने वो कमज़ोर मोहरा बन जाने को तैयार हो जाती है जो पत्नी को सिर्फ़ अपने पति की प्रतिनिधि के रूप में देखने की नज़र देता है। लोक को पता है कि पाण्डव पाण्डु के कुदरती पुत्र नहीं हैं लेकिन हस्तिनापुर नरेश की गरिमा पर कोई आँच नहीं आती है। कुन्ती अपनी इस दिव्य शक्ति से अपनी सौत माद्री को भी पुत्रवती कर देती है। लेकिन यह बताने की हिम्मत नहीं जुटा पाती है कि इस शक्ति साधना से एक और देवपुत्र जन्म ले चुका है।

रंगभूमि में कुन्ती कर्ण को देखते ही पहचान गयी है। अब वो पाण्डु की विधवा है और दुनिया जानती है कि उसके पास पाँच देवपुत्र हैं, जो उसके पति के नहीं हैं। जन्म लेने के बाद जब कर्ण

पहली बार उसके सामने खड़ा होता है तो वो कौरवों और पाण्डवों के बीच है। बात धनुर्विद्या की है तो वह अर्जुन को ही ललकारता है। लेकिन पाण्डव सहित पाण्डवों के गुरु भी कर्ण के कुल का उपहास करते हैं। यह वो समय था जब कुन्ती इतिहास के पन्ने पर अपने मज़बूत हस्ताक्षर कर सकती थी, कर्ण को अपनी कोख की पहचान दे सकती थी। लेकिन उसने अपनी भूमिका आँचल के अन्दर आँसू बहाती स्त्री की ही चुनी।

कुन्ती के मौन का नतीजा यह था कि कर्ण को दुर्योधन ने अपनी पहचान दी कुन्ती के बेटों के ख़िलाफ़ ही इस्तेमाल करने के लिए। दुर्योधन पहचान गया था कि अर्जुन की टक्कर का योद्धा कर्ण ही हो सकता है। लेकिन कुन्ती यह पहचान न बता पायी कि अर्जुन और कर्ण की गर्भनाल एक ही माँ से जुड़ी है। कर्ण की पहचान पर मुँह बन्द रख कुन्ती ने उसके दुर्भाग्य का दरवाज़ा खोल दिया था।

कुन्ती कर्ण को उसकी पहचान बताने तब जाती है जब पाण्डवों के जीवन पर संकट देखती है। वह कर्ण को अपनाने नहीं बल्कि पाण्डवों का वध नहीं करने के लिए मनाने जाती है। उस वक़्त तक कर्ण अपना दिव्य कवच–कुण्डल भी दान कर चुका होता है। रंगभूमि में हस्तिनापुर की जनता और पूरे राजवंश के सामने चुप रह जाने वाली माँ एकान्त में अपने बेटे को बताने आती है कि वह उसकी माँ है। कर्ण ने वादा किया कि युद्ध के बाद भी कुन्ती पाँच बच्चों की माँ रहेगी, यानी युद्ध में या तो अर्जुन बचेगा या कर्ण। यानी उसने अपनी माँ को चार पाण्डवों के वध नहीं करने का वादा तो दे ही दिया था।

बेटे को उसकी माँ ने अपनी पहचान दी भी तो इस भय से कि वह उसके जायज़ बेटों की जान न ले ले। अगर कुन्ती रंगभूमि में अपनी चुप्पी तोड़ देती तो कर्ण उस तरफ़ खड़ा नहीं होता जिधर कृष्ण के अनुसार अधर्म था। युद्ध में जीत उसी पक्ष की होनी थी जिधर कृष्ण थे। इतने के बाद भी कुन्ती ने पाण्डवों के बारे में सोचा।

कुन्ती कर्ण के जन्म के राज़ को लेकर पाण्डवों के पास भी जा सकती थी। पाँच बेटों को बता सकती थी, जिसे तुम सब राधेय कहते हो, वह कौन्तेय है, अपने सबसे बड़े भाई की जान के दुश्मन मत बनो। कुन्ती के पास बेटे के रूप में धर्मराज युधिष्ठिर थे जिनके लिए अपनी माँ के आदेश को मानने से बड़ा कोई धर्म न था। कर्ण से तो पाँच बेटों की सुरक्षा का वादा माँगा, लेकिन पाँच बेटों से अपने बड़े भाई का वध नहीं करने का वादा नहीं माँगा।

कुन्ती ने युद्ध के पहले युधिष्ठिर को यह बात बतायी होती तो युद्ध टल भी सकता था। फिर कुन्ती ने युद्ध को टालने का विकल्प क्यों नहीं चुना? कुन्ती के अलावा तो यह बात श्रीकृष्ण भी जानते थे। दोनों जानते थे कि यह बात जानने के बाद युधिष्ठिर युद्ध नहीं करते। लेकिन ये बात धर्मराज को अधर्म के गुज़र जाने पर पता चली। तो क्या महाभारत का युद्ध एक बृहत्तर साजिश थी जिसका मोहरा कर्ण भी बन गया। शतरंज की बिसात पर अन्त में एक राजा को ही रहना होता है। राजा जितने मोहरे बचा सके उन्हें ही रहना है। इस बिसात में दुर्योधन के साथ जितने मोहरे थे मारे गये। लेकिन जीतने वाले की तरफ़ भी पाँच ही मोहरे बचे रहे।

छल से कर्ण की मौत के बाद जब कुन्ती उसके शव पर विलाप करती है तो पाण्डव पूछते हैं कि वे प्रधान शत्रु और सूत पुत्र के शव पर विलाप क्यों कर रही हैं? धर्मराज को धक्का लगता है कि जिसे वे प्रधान शत्रु कह रहे हैं वह उनका बड़ा भाई है, अर्जुन ने अपनी माँ के अंश को ही ख़त्म किया है। इस अधर्म से विचलित होकर युधिष्ठिर अपनी माँ के ज़रिये पूरी नारी जाति को शाप दे बैठते हैं कि वह भविष्य में किसी रहस्य को दबा कर नहीं रख सकेगी।

जो माता अभी तक मिसाल थी, अब वह अपने बेटों के लिए सिर्फ़ एक सवाल थी कि ऐसा क्यों किया। समय बीतने से पहले जिस कर्ण को अपना कर कुन्ती नारी जाति के लिए नया रास्ता खोल सकती थी, वह उसके शव पर विलाप करने के बाद स्त्री–पक्ष को विपक्ष में रखने वाले सामन्ती समाज को ही मज़बूत बना गयी।

महाभारत में छह कौन्तेय को समय रहते एक साथ खड़ा कर दिया जाता तो पाँच पाण्डव अपनी माता पर ग्लानि नहीं गर्व कर रहे होते। अपने सच को लेकर कमज़ोर पड़ने के कारण कुन्ती लोक मानस में नारी जाति पर अभिशाप के शोक के रूप में देखी जाने लगी। स्त्री को लेकर लोकोक्तियों में युधिष्ठिर का शाप ही स्थिर हो गया।

महाभारत की महाकाव्यात्मकता समय और क्षेत्र के पार की है। महाभारत का महत्त्व इसमें नहीं है कि इसने किसी सामाजिक बुराई को ख़त्म किया बल्कि इसमें है कि इसने मनुष्य की निर्बलताओं को दिखाते हुए निर्बलता से लड़ने का सन्देश दिया। यह सन्देश है कर्म का जो गीता के ज़रिये आता है। हालाँकि जिस कुरुक्षेत्र में गीता का धर्मक्षेत्र बनता है, वहीं पर इसका उल्लंघन भी होता है। धर्म कब अधर्म का रूप ले लेता है, पता ही नहीं चलता। राजा का बेटा राजा वाली पितृसत्ता को ख़त्म कर भी भरतवंश के अगुआ राजा भरत के लोकतान्त्रिक स्वरूप को नहीं अपनाया गया बल्कि पूरी सत्ता पर अधिकार पाण्डु के बेटों का हुआ। बुरे कर्म करने वालों के अपराध को दण्डित करने का जो विधान तय हुआ, आज आधुनिक भारतीय समाज की दण्ड संहिता भी उससे ही प्रेरित है। धर्म और अधर्म की बहस के बीच महाभारत के सन्देश पर बेबाक बोल।

धर्म-अ-धर्म

कर्मण्येवाधिकारस्ते मा फलेषु कदाचन।
मा कर्मफलहेतुर्भूर्मा ते संगोऽस्त्वकर्मणि।।

श्रीमद्भगवद्गीता मानव से कहती है कि तुम्हारा अधिकार कर्म में ही है, उसके फल में नहीं। और तुम्हारा साथ अकर्म में भी न हो, यानी यह सोचकर भी मत बैठ जाओ कि कर्म करने से क्या लाभ इसलिए कर्म को ही त्याग दूँ।

कथा में कथ्य क्या है? किसी देश, काल और संस्कृति के साहित्यिक आख्यान का ध्येय उस समय को दिशा देना होता है। महाभारत जैसे महाकाव्य के कहन को आज हम फिर कैसे और क्यों कहें? कोई अपने साहित्य में परिवर्तन चाहता है तो कोई क्रान्ति। हमारे पास पंचतन्त्र की कहानी है जिसका उद्देश्य मानव समुदाय को शिक्षित करना है। तुलसीदास ने स्वान्तः सुखाय के लिए रामचरितमानस की रचना की। वैदिक साहित्य कइयों ने लिखा, समय के साथ उसका साहित्य बढ़ता गया। लिखित के पहले स्मृति परम्परा में देखेंगे तो वहाँ पर भी लगातार क्षेपक हैं। स्मृतियों से जुड़ते हुए उसका विकास होता है।

रामायण और महाभारत में भी आगे कथा जुड़ती चली गयी है। पौराणिक परम्परा में धर्म, अर्थ, काम और मोक्ष को जीवन का पुरुषार्थ माना गया, यानी मनुष्य को इन्हें हासिल करने का प्रयत्न करना चाहिए। महाभारत में यह सब है। लेकिन महाभारत की ख़ासियत तो इस चार के पार चले जाना है। इसी कारण यह आज भी हमारे

सामने खड़ा हो जाता है। किसी साहित्य के सन्देश में समय और क्षेत्र का बहुत महत्त्व होता है। महाकाव्यात्मकता तभी हो पाती है जब उसकी प्रासंगिकता समयबद्ध न हो सके। शास्त्रीय रचना हर समय और क्षेत्र के साथ शास्त्रार्थ कर सकती है। महाभारत के चरित्र आज भी पुनर्भाषित हो रहे हैं। इसके किरदारों से आज भी सवाल–जवाब किये जा रहे हैं।

आज हम महाभारत को जिस उद्देश्य से देख रहे हैं ज़रूरी नहीं कि वेदव्यास ने भी उसी उद्देश्य से लिखा हो। सवाल है कि उद्देश्य को हम तलाश कहाँ पर रहे हैं? लिखे गये शब्दों में तलाश रहे हैं या लेखक में तलाश रहे हैं? या हम उसमें अपने लिए मौजूदा समय के मायने खोज रहे हैं। सिर्फ़ लिखे शब्दों को ही उद्देश्य मान लेने से पाठक की भूमिका सिकुड़ जाती है। महाभारत जैसे महाकाव्य की ख़ासियत यही है कि इससे जुड़ने के साथ ही पाठक अपने समय और सन्दर्भों के साथ युद्धरत हो जाता है और नये अर्थ व सन्दर्भ बनाता है। यहीं से उसका उद्देश्य विस्तृत हो जाता है। कहा जाता है कि महाभारत की रचना समय के अलावा कौन कर सकता है। नये भारत को समयबद्ध करते हुए उसे नियमबद्ध करने के लिए, भरत के भारतवंश की संहिता का आधार तय किया गया। इस संहिता का आधार बना अपराध और दण्ड। इसमें कहा गया कि अपराध के कर्म का फल दण्ड है, क्षमा नहीं। लेकिन जैसा कर्म करेगा वैसा फल देगा भगवान वाले गीता–ज्ञान में विरोधाभास वहीं पैदा हो गया जहाँ पर यह दिया गया।

गीता का केन्द्रीय सन्देश है, बिना फल की चिन्ता किये कर्म करना। लेकिन ज्ञानदाता ख़ुद ऐसा नहीं कर रहे हैं। वे अर्जुन को इस बात के लिए प्रेरित कर रहे हैं कि जो सामने खड़े हैं इनके कर्म अच्छे नहीं हैं, इसलिए इन्हें इसका दण्ड मिलना चाहिए, फल मिलना चाहिए। इनके कर्म बुरे हैं तो इनका वध होना चाहिए। कुरुक्षेत्र के मैदान में अर्जुन बीच में जाकर खड़े होते हैं तो उन्हें दूसरी तरफ़ पितामह, गुरु और भाई ही दिखते हैं। लेकिन गीता–ज्ञान के बाद वो सिर्फ़ कर्म के मोहरे हैं जिन्हें अर्जुन से दण्डित होना है।

आज का समाज जिस आपराधिक दण्ड संहिता से नियमबद्ध है उसका आधार इस पौराणिक आख्यान में देख सकते हैं। कर्म के अनुपात में फल। बुरे कर्म वालों को माफ़ी देने का मतलब है बाक़ियों को भी उस तरफ़ लेकर जाना। जब भरोसा हो जायेगा कि किसी की भी मर्यादा का हरण करने वाले को बाद में माफ़ कर दिया जायेगा तो फिर मर्यादा का ही अस्तित्व ख़त्म हो जायेगा। अगर आप तटस्थ रहेंगे और उसके बाद भी आपके मान–सम्मान पर कोई आँच नहीं आयेगी तो कुछ भी कर निर्भय रहने की प्रवृत्ति ही आगे जायेगी। लेकिन गीता का ज्ञान देने वाले ने ही इसका विरोधाभासी रूप प्रस्तुत किया।

महाभारत का आख्यान शुरू होता है राजा भरत के लोकतान्त्रिक स्वरूप से। जीवन का अर्थ जन्म नहीं कर्म को मानते हुए उन्होंने अपने पुत्रों में से किसी को भी अपना उत्तराधिकारी नहीं बनाया। राजा भरत ख़ुद को प्रजा के पालक के रूप में देख रहे थे तो राज्य का वारिस भी उनके बीच में से एक को चुना। अपने पुत्र को ही सत्ता सौंपना प्रजा के साथ विश्वासघात होता। राजा भरत ने जो धर्मक्षेत्र बनाया वह शान्तनु के आत्ममोह और आगे जाकर पुत्रमोह और भाई–भतीजावाद के कारण कुरुक्षेत्र बन गया। भरत के आदर्श के ख़िलाफ़ भरतवंश से माँग उठी कि राजा का बेटा ही राजा बनेगा। अब कर्म नहीं, जन्म ही राज और समाज के नियम तय कर रहा था। उसमें भी धृतराष्ट्र के जन्म के आधार को इसलिए कुचला गया क्योंकि वे नेत्रहीन थे। धृतराष्ट्र इसलिए नेत्रहीन पैदा हुए क्योंकि नियोग विधि के वक़्त उनकी माता ने वेदव्यास के कठोर तप के कारण कठोर हुए चेहरे को देख डर के मारे आँखें बन्द कर ली थीं। धृतराष्ट्र का जन्म अपनी माँ की प्रकृति के अनुसार हुआ लेकिन ज्येष्ठ पुत्र होने के बावजूद उनकी इस प्राकृतिक कमी को स्वीकारा नहीं गया। यानी जन्म और कर्म दोनों के साथ सुविधाजनक तरीक़े से घालमेल कर कुरुक्षेत्र के मैदान का निर्माण शुरू हो गया था। धर्म और अधर्म का कोई स्पष्ट चेहरा नहीं था और दोनों अपने रूप बदल रहे थे।

धृतराष्ट्र को ग्लानि रही कि नेत्रहीनता के कारण उनके जन्म के अधिकार को छीना गया। अब वे अपने बेटे को राजा देखना चाहते थे। उनके इस पुत्र–मोह को अधर्म की संज्ञा दे जो धर्मक्षेत्र बनाया गया उसमें भरत के आदर्श का भारत नहीं बल्कि उसी सामन्ती सत्ता की स्थापना हुई कि राजा का बेटा राजा। धृतराष्ट्र की जगह पाण्डु पुत्रों के मोह और अधिकारों की स्थापना हुई।

महाभारत के युद्ध में जीत के बाद युधिष्ठिर महाराज बने और भीम युवराज, अर्जुन हस्तिनापुर की सीमाओं के प्रहरी। नकुल और सहदेव युधिष्ठिर के मुख्य अंगरक्षक बने। पाण्डु पुत्रों तक ही सत्ता सीमित कर भाई–भतीजावाद की मज़बूत बुनियाद पड़ी। विदुर को महामन्त्री बनाया गया जो हमेशा से पाण्डवों के साथ थे। यानी युद्ध के बाद आप उसी की स्थापना कर रहे थे, जिसे ख़त्म करने के लिए आपको बनाया गया था। भगवान के धरती पर अवतार का उद्देश्य ही धर्म की स्थापना करना था। लेकिन सन्देश दिखा कि एक की पितृसत्ता की जगह आप दूसरी पितृसत्ता लाना चाहते थे। पाण्डु के पुत्रों के नैसर्गिक अधिकार को ही शुद्ध और धर्मसम्मत माना गया। महाभारत के कई प्रसंगों में भगवान कृष्ण धृतराष्ट्र के पुत्र–मोह को कोसते हैं। लेकिन वे उसके विकल्प में एक और मोह ही देते हैं।

महाभारत का बृहत्तर सन्देश युद्ध के परिणाम में नहीं है। यह सन्देश युद्ध के दौरान दिखायी गयी निर्बलता में है, जिसे बलीभूत करने के लिए कृष्ण ने गीता का उपदेश दिया। महाभारत को हम इसलिए नहीं जानते हैं कि इसके द्वारा किसी सामन्ती सोच या सामाजिक बुराई को ख़त्म किया गया। कथा का कथन यही है कि हमें कर्म करना है, अपने अन्दर के निर्बल को पहचानना है। महाभारत में अलग–अलग समय और जगह का पाठक अपने–अपने धर्मक्षेत्र और कुरुक्षेत्र तलाशता है। रचने वाले और पढ़ने वाले के बीच युद्ध के बाद हर बार जो एक नयी महाभारत बनती है वहीं पर साहित्य सार्थक होता है।

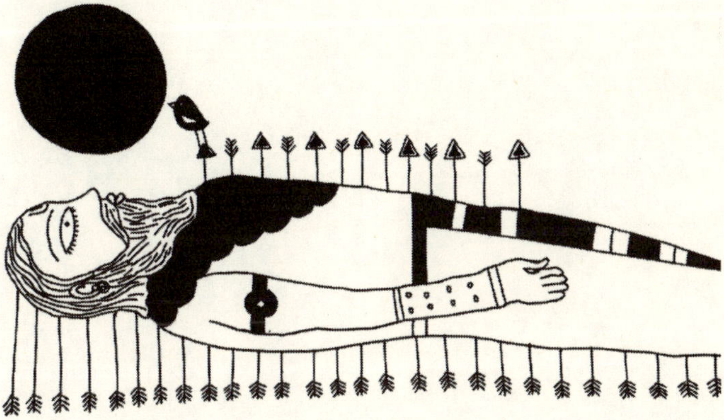

भीष्म महाभारत के वो नायक हैं जो सबसे ज़्यादा अनिर्णय की स्थिति में रहते हैं। वे भी अर्जुन की तरह 'मैं' से ग्रसित हैं। उन्हें लगता है कि वे अपने अनुसार युद्ध का रुख मोड़ सकते हैं और इस कारण श्रीकृष्ण के धर्म की पुनर्स्थापना के लक्ष्य में सबसे बड़े बाधक बन जाते हैं। अर्जुन के बाद भीष्म वो दूसरे व्यक्ति हैं जिन्हें कृष्ण कुरुक्षेत्र के मैदान में उपदेश के लिए चुनते हैं लेकिन रौद्र रूप में। अर्जुन के विपरीत कृष्ण भीष्म को शस्त्र त्यागने के लिए कह उनका वध तय करते हैं। धर्म का मार्ग समय की तरह गतिशील होता है और भीष्म अपनी प्रतिज्ञा के कारण धर्म और अधर्म की ध्रुवीय दूरी में तटस्थ बने रहने का प्रयत्न कर रहे थे। यही तटस्थता नियति की योजनाओं को नकार रही थी। बेबाक बोल में भीष्म के जीवन सन्देश पर बात। यह सन्देश स्व के ऊपर सामूहिकता के स्वीकार की बात करता है, जिसमें जीवन और धर्म की गतिशीलता में ही भारत का भविष्य देखा गया।

भीष्म सन्देश

महाभारत के युद्ध का नौवाँ दिन। भीष्म दुर्योधन के व्यंग्य बाणों से त्रस्त हैं, पाण्डवों को लेकर पक्षपाती होने के आरोपों से परेशान हो सामने की सेना का विध्वंस कर देते हैं। प्रतिज्ञा की है कि पाण्डवों में से किसी का वध नहीं करेंगे। वे कौरवों के सेनापति हैं। अब उनके पास यही एक युक्ति बची है कि पाण्डवों की पूरी सेना का विनाश कर उन्हें बन्दी बना लिया जाये।

नौ दिनों तक यह युद्ध किसी ओर जाता हुआ नहीं दिख रहा है। दोनों पक्षों की तरफ़ अपनी प्रतिज्ञा को निभाते हुए युद्ध ख़त्म करने का जो तरीक़ा भीष्म पितामह ने चुना है वह कृष्ण की धर्म की पुनर्स्थापना की राह में बाधा है। कुरुक्षेत्र में गीता के उपदेश के बाद भीष्म पितामह की मृत्यु वह दूसरी घटना है जो जन्म और कर्म के सिद्धान्त को प्रतिपादित करती है। महासंग्राम में यह पहली मृत्यु है जो छल से होती है जिसके लिए शिखण्डी को लाया जाता है। यह मृत्यु अम्बा का प्रतिशोध, उसकी तपस्या के फलस्वरूप शिव के वरदान और शिखण्डी के विशेष रूप में जन्म को सार्थक करने के लिए है।

कुरुक्षेत्र में उतरते हुए कृष्ण धर्म की पुनर्स्थापना की शपथ तो लेते हैं पर इसमें सबसे बड़ी बाधा के रूप में भीष्म नज़र आते हैं। उन्हें लगता है कि वे युद्ध को अपने अनुसार दिशा दे सकते हैं। युद्ध को रोकना उनके वश में नहीं था तो दोनों पक्षों के उनके अपनों का रक्तपात कम हो, पाण्डवों का वध न हो यही कोशिश करते हैं। इच्छा–मृत्यु के वरदान से लैस भीष्म को लगा कि वे कुरुक्षेत्र में

भी मृत्यु को नियन्त्रित कर सकते हैं। अपने अहंकार में कृष्ण को भी ललकार बैठते हैं और कहते हैं कि वासुदेव, आप मेरा वध नहीं कर सकते। इसी अहंकार के कारण भीष्म अर्जुन के बाद वो दूसरे नायक हैं जिन्हें कृष्ण उनके अस्तित्व का उपदेश दे अपना विराट रूप दिखाने के लिए चुनते हैं। कृष्ण भीष्म को कहते हैं कि मैं किसी भी वरदान, शाप या प्रतिज्ञा को मिथ्या साबित कर सकता हूँ। आपका वध तो मैं रथ के पहिये से भी कर सकता हूँ।

कृष्ण जब अपने रौद्र रूप में भीष्म का वध करने के लिए आगे बढ़ते हैं तो अर्जुन उन्हें रोकते हैं कि यह अधर्म होगा। कृष्ण फ़ैसला दे चुके थे कि भीष्म पितामह के मैदान से हटे बिना पाण्डव युद्ध नहीं जीत सकते हैं। भीष्म भी अर्जुन की तरह 'मैं' से ग्रसित थे जिस कारण कृष्ण को उन्हें उनकी तुच्छता का अहसास करवाना पड़ा। उनका भीष्म से यह कहना कि आपका यह सोचना अज्ञान ही है कि आपके हाथों में ही हस्तिनापुर की सुरक्षा है। हस्तिनापुर की सुरक्षा की तो बात दूर आपके वश में न तो आपका जन्म है और न ही मृत्यु। अब भीष्म नतमस्तक होकर भगवान से माफ़ी माँगते हैं। वे ख़ुद ही रास्ता बताते हैं कि मेरी मृत्यु का कारण बन अम्बा का ही उद्धार होने दीजिए जो शिखण्डी के रूप में जन्म ले चुकी है।

भीष्म वो नायक हैं जो सबसे बड़े अनिर्णय की स्थिति में हैं। युवावस्था में ब्रह्मचर्य का व्रत ले लिया जो उनके पूरे चरित्र को अनिश्चितता का शिकार बना देता है। वे मानते हैं कि हस्तिनापुर की गद्दी पर पाण्डवों का वैधानिक अधिकार है लेकिन इस वैधानिकता की स्थापना के लिए कुछ भी कर पाने में असमर्थ हैं। उनके अनुसार पाण्डव धर्म की ओर हैं, लेकिन वे सेनापति बनते हैं अधर्म के पक्षवालों के। युद्ध का शंखनाद ही शत्रु का वध कर वीरता के प्रदर्शन के लिए होता है। कुरुक्षेत्र में भीष्म के खाते में किसी महान योद्धा का वध नहीं है। वे कौरवों और पाण्डवों दोनों पक्ष के लिए की गयी अपनी प्रतिज्ञा के चक्रव्यूह में फँसे हुए थे।

महाभारत जैसे महाख्यान का उद्देश्य धर्म की पुनर्स्थापना से था, जिसके आड़े आ रही थी भीष्म–प्रतिज्ञा। एक ख़ास समय में लिया गया प्रण समय के आगे बढ़ने के साथ ही भीष्म के अस्तित्व के लिए बन्धक बनता जा रहा था। हस्तिनापुर की कुलवधू का चीरहरण हो रहा था लेकिन पितामह अपनी प्रतिज्ञा के कारण तटस्थ रहे। सवाल था कि बृहत्तर धर्म बड़ा या निज की प्रतिज्ञा बड़ी। अगर वचन बड़ा है तो महाभारत में अन्त तक भी उन्हें कोई अपराधी की नज़र से नहीं देख रहा है।

महाभारत में मनुष्य की पहचान की खोज का भी संघर्ष दिखता है। गंगापुत्र देवव्रत अपनी पहचान के विस्तार को रोकने के लिए भीषण प्रतिज्ञा करते हैं। महाभारत के मूल में वंशवृद्धि है जिसका उद्देश्य ही है अपनी पहचान को आगे कर के देखना। इसी वंश के लिए पूरी महाभारत हो जाती है। इससे ठीक उलट चरित्र हो जाता है भीष्म का, जिनका पूरा प्रण ही अपने स्व को ख़त्म करने का आधार बनता है। वे अपनी पहचान को ही सीमित और प्रतिबन्धित करने का प्रण कर बैठते हैं। इस कारण उनके चरित्र का जो निर्माण हो रहा है उसे उतनी सरलता से नहीं आँका जा सकता है। उनके पैर एक साथ दो नावों पर हैं–धर्म और अधर्म, जिसके कारण वे अनिर्णय के प्रतीक बन जाते हैं। उनकी आधी पहचान बँध जाती है राजगद्दी से। वो राजगद्दी जो अनेक तरह के स्व के कब्ज़े और दावेदारी से निर्मित है।

कुरुक्षेत्र की तरह ही जटिल है भीष्म के अन्तःस्थल का युद्ध। एक तरफ़ महाभारत का सूत्रधार समय है तो युवा देवव्रत ने समय को ही ठहरा हुआ मान लिया था। लेकिन धर्म तो सत्यवती के साथ ठहर नहीं पाया, वो अम्बा तक गतिशील रहा। सत्यवती से अम्बा तक आने में धर्म की धारणा में कई बदलाव आये। लेकिन भीष्म तो शान्तनु और सत्यवती के साथ ही ठहर गये थे। इसलिए वे अम्बा के साथ एक वस्तु के जैसा व्यवहार करने पर मजबूर थे। वो हस्तिनापुर की अस्मिता की ख़ातिर अम्बा का हरण कर तो लाते हैं लेकिन परिस्थिति

के अनुसार उसकी रक्षा करने में असमर्थ होते हैं। हस्तिनापुर की रक्षा करने वाला पितृपुरुष एक स्त्री से अपनी मृत्यु का कारण बनने का शाप पाते हैं। भरे दरबार में अपमानित हो रही कुलवधू से नज़रें नहीं मिला पाते हैं लेकिन कानों तक उसकी आवाज़ पहुँचने से रोक नहीं पाते हैं कि वे अपनी इस तटस्थता के अपराध का अंजाम भुगतेंगे। शरशैया पर द्रौपदी से इसके लिए माफ़ी भी माँगते हैं। गान्धारी से धृतराष्ट्र के बेमेल विवाह का कारण बनते हैं जिसके बाद शकुनि हस्तिनापुर का स्थायी दुश्मन बन जाता है।

धर्म और अधर्म की ध्रुवीय दूरी के बीच स्थिर हो जाने के कारण ध्रुवतारा सा चमकता किरदार अन्त तक इतना धुँधला पड़ जाता है कि कृष्ण उन्हें शस्त्र त्यागने के लिए कहते हैं। उनकी प्रतिज्ञा ऐसी ज़ंजीर बनी कि वे धर्म को लेकर अपना कोई पक्ष नहीं रख पाये। कृष्ण ने उन्हें कहा कि जो प्रतिज्ञा सर्वधर्म के रास्ते में व्यवधान खड़ा कर दे उसका हट जाना ही अच्छा है।

भीष्म की मृत्यु वह मोड़ है जहाँ धर्म की रक्षा करने के लिए छल को न्यायोचित ठहराया जाता है। वर्तमान का धर्म अतीत की ज़ंजीर में जकड़ा था तो भविष्य का सृजन करने के लिए अधर्म को भी अपनाना ज़रूरी बताया गया। वर्तमान की पीड़ा आपकी प्रतिज्ञा की परिधि में कितनी देर तड़पती रह सकती है। उसका आवेग जब इस परिधि से बाहर जायेगा तो आपको ही पीड़ा देगा।

महाभारत में गीता की तरह अहम है भीष्म के जीवन का सन्देश। यह स्व के ऊपर सामूहिकता के स्वीकार की बात करता है, जिसमें जीवन और धर्म की गतिशीलता में ही भारत का भविष्य देखा गया। एक आम नज़र से देखें तो आज भीष्म का पुनःपाठ क्यों किया जाये? क्या भीष्म पितामह को अपने धर्म का निर्वहन न करने का दोषी माना जाये या अपने कहे का मान रखने के लिए उनके नायकत्व को सुरक्षित रखा जाये? इस सवाल पर आगे की पीढ़ियाँ भी अपने समय और इतिहास बोध के साथ बहस करती रहेंगी।

बिना अन्य की निर्मिति किये नायकत्व की परिकल्पना सम्भव नहीं है। यह अन्य समुदाय, सम्पत्ति या राजसत्ता के स्वरूप के साथ बदलता है। परिवार के अन्दर भी खलनायकत्व का निर्माण होता है, जिसमें धर्म की भूमिका अहम हो जाती है। श्रीमद्भगवद्गीता धर्म और अधर्म को परिभाषित करते हुए नायकत्व का भी निर्माण करती है। खलनायक और अधर्म के प्रतिपक्ष में ही नायक और धर्म की स्थापना होती है। महाभारत में शकुनि वह किरदार है जिसकी धुरी पर नायकत्व के केन्द्र बन रहे हैं। वह अपने प्रतिशोध की प्रयोगशाला में दुर्योधन जैसे खलनायक का निर्माण करता है। हस्तिनापुर की ज़मीन पर छल के ऐसे बीज बोता है जिससे उपजे खलनायक के साथ अधर्म की फ़सल को काटने के लिए भी छल का सहारा लेना पड़ता है। शकुनि के अधर्म के विनाश के लिए अधर्म और छल को भी न्यायोचित ठहराया जाता है। महाभारत के इस खलनायक पर बेबाक बोल।

छलनायक

त्रिविधा भवति श्रद्धा देहिनां सा स्वभावजा
सात्विकी राजसी चैव तामसी चेति तां श्रृणु

श्रीमद्भगवद्गीता के इस श्लोक में आत्मा के शरीर रूप में धारण करने के बाद उसके गुणों के बारे में कहा गया है। हर शरीर एक जैसा गुण धारण नहीं करता है। इसी शरीर में कोई नायक बनता है तो कोई खलनायक। सभ्यता और संस्कृति के इतिहास को नायक बनाम खलनायक के खाँचे में भी देखा जाता है। साहित्य का उद्देश्य सन्देश देना होता है। साहित्य के सन्देश को मनोरंजक और कौतूहल भरा बनाने में सहायक होता है वो खलनायक जिसके ज़रिये नायक को ऊँचा किया जाता है। खलनायक जितना वीभत्स होगा, नायक के चरित्र को उतनी ही ऊँचाई मिलेगी, बुराई पर अच्छाई की जीत का सन्देश उतना ही बलवान होगा।

महाभारत जैसे महाकाव्य की यही सफलता है कि यह बुराई पर अच्छाई का सन्देश बहुत सपाट तरीक़े से नहीं देता है। नायक और खलनायक का द्वन्द्व एक ऐसा कौतूहल पैदा करता है जिसके कारण इसके पाठक और आधुनिक युग में दर्शक उनके साथ भावनात्मक रूप से नत्थी हो जाते हैं। यही इस महाकाव्य की विशेषता है कि इसके पात्र आज भी छोटे से लेकर बड़े पर्दे पर लोगों का मनोरंजन करते हुए सफलता पाते हैं।

महाभारत में नायकत्व के कई केन्द्र हैं। कृष्ण से लेकर अर्जुन व भीष्म तक। लेकिन इसमें घोषित खलनायक एक ही है।

शकुनि वह किरदार है जिसके ऊपर महाख्यान के नायकों के चरित्रों को महान बनाकर उभारने का अधिभार है। कई प्रसंगों में दुर्योधन का चरित्र भी नायकत्व की ओर जाने के लिए अधीर होता दिखता है। लेकिन शकुनि उसे फिर से अपने धारदार औज़ार के रूप में तेज़ करने लगता है और सफल भी हो जाता है।

आमतौर पर धृतराष्ट्र के पुत्रमोह और उसकी महत्त्वाकांक्षा को महाभारत का मुख्य कारण माना जाता है। कहा जाता है कि कृष्ण चाहते तो युद्ध नहीं होता या धर्म के साथ रहने वाले युधिष्ठिर चाहते तो रक्तपात रुक सकता था। द्रौपदी के प्रण को भी इस रण की वजह करार दिया जाता है। लेकिन इन सब कारणों का जनक है शकुनि। उसने सबसे पहले दुर्योधन के ज़रिये अशान्ति और अधर्म का वृक्ष खड़ा किया और उसके नीचे शान्ति की कोई कोपल नहीं फूटने दी और न ही उस पर धर्म की कोई लता चढ़ने दी। शान्ति की हर क्रिया के ख़िलाफ़ प्रतिक्रिया का माहौल खड़ा किया।

महाभारत साहित्य के सभी रसों से सँवरी हुई कृति है। इसमें खलनायक के निर्माण के लिए एक तार्किक ज़मीन बनायी गयी है। कुरुवंश के पितृपुरुष भीष्म ख़ुद तो विवाह नहीं करने का प्रण लेते हैं लेकिन कुरु वंश के सभी कुमारों के लिए योग्य कन्या लाने का काम करते हैं। हस्तिनापुर का जो भी वारिस है उसके लिए भारतवर्ष से श्रेष्ठ कन्या लाना और इसके लिए अपहरण को भी जायज़ मानते हैं। राजकुमारियों को एक वस्तु की तरह समझने के कारण अम्बा के शाप का शिकार होते हैं तो गान्धारी से नेत्रहीन धृतराष्ट्र की शादी करवाने के कारण शकुनि को खलनायक बनाने की ज़मीन मुहैया कराते हैं। भीष्म को हस्तिनापुर के लिए योग्य राजकुमारियों की तो दरकार होती है लेकिन वे विवाह के लिए अपने वंश के राजकुमारों की योग्यता नहीं परखना चाहते हैं।

महाभारत में शकुनि का पदार्पण भीष्म के ज़रिये कराये बेमेल विवाह से ही होता है। भाई शकुनि को लगता है कि उसकी बहन गान्धारी के लिए एक नेत्रहीन राजकुमार का प्रस्ताव ला पूरे गान्धार

का अपमान किया गया है। यहीं पर भीष्म–प्रतिज्ञा के बरअक्स शकुनि की प्रतिज्ञा खड़ी हो जाती है। भीष्म का प्रण है कि वो जब तक हस्तिनापुर को चारों ओर से सुरक्षित नहीं देख लेंगे तब तक मृत्यु को वरण नहीं करेंगे। वहीं शकुनि कुरु वंश के समूल नाश की प्रतिज्ञा लेता है।

आधुनिक बोध कहता है कि खलनायक कोख से पैदा नहीं होते, बनाये जाते हैं। बहन के बेमेल विवाह को देखते हुए शकुनि के मन में कड़वाहट पैदा होती है और वह दुर्योधन को अपने प्रतिशोध के हथियार की तरह तैयार करता है। दुर्योधन के मन में बचपन से ही राजा बनने की महत्त्वाकांक्षा पैदा कर देता है। बालक दुर्योधन पाण्डवों को इस कदर अपना दुश्मन मानने लगता है कि विष देकर भीम की हत्या की कोशिश भी करता है। बचपन से नफ़रत की प्रयोगशाला में तैयार हुआ दुर्योधन बड़े होने पर पाण्डवों को लाक्षागृह में जलाकर मारने के लिए भी तैयार हो जाता है।

शकुनि का खलनायकत्व इतनी धीमी गति से अपना काम करता है कि उसे न तो युद्ध के लिए ज़िम्मेदार माना जाता है और न ही युद्ध के लिए उसकी निन्दा की जाती है। कुरुक्षेत्र के मैदान में भी उसके खाते में वीरता का कोई क़िस्सा नहीं है। उसका अन्त भी किसी खलनायक की तरह वीभत्स नहीं होता है। शकुनि की साधारण मौत का भी कोई महिमामण्डन नहीं होता है।

शकुनि महाभारत के पूरे आख्यान की धुरी है। अगर वह न हो तो इस महाकाव्य की मनोरंजकता शून्य है। इस धर्मयुद्ध में छल के बीज बोकर उसे इतना बड़ा वृक्ष बना देता है कि धर्म की पुनर्स्थापना के लिए छल को न्यायोचित ठहराया जाता है। एक स्थापना खड़ी हो जाती है कि अगर पाण्डव भी छल का जवाब छल से नहीं देते तो युद्ध हार जाते। कौरव पक्ष के हर बड़े योद्धा की मृत्यु छल से ही होती है। युद्ध का अन्त छल के माध्यम को न्यायोचित बता अन्त भला तो सब भला की स्थापना खड़ी कर देता है।

नायक और नायिका के बाद खलनायक का त्रिकोण ही साहित्य में पाठकों को बाँधे रखने की ऊर्जा देता है। नायक के हाथों खलनायक का संहार वो शाश्वत सुख है जिसे दुनिया की हर सभ्यता का साहित्य अपने पाठकों को देता है। खलनायकों को ख़ास तरह की संवाद शैली और रणनीति से लैस किया जाता है जिसके प्रतिपक्ष में नायक तैयार होता है। साहित्य से लेकर सिनेमा तक में खलनायकों को छाप छोड़ने वाला किरदार दिया जाता रहा है। चाहे रामायण में रावण हो या फिर हिन्दी सिनेमा का लोकप्रिय किरदार गब्बर सिंह। 'शोले' में लोगों के बीच गब्बर की शैली और संवाद जितना लोकप्रिय हुआ उतना उसके नायकों का नहीं।

खलनायकों की एक आम छवि यह बनायी गयी है कि वह अन्त तक बदलना मंजूर नहीं करता है और मारा जाता है। अन्त तक लड़ने के कारण ही वो लोकप्रियता में नायक की बराबरी करता है। शकुनि जिस दुर्योधन को खलनायक बनाता है, उसके साथ भी ऐसा ही होता है। दुर्योधन अन्त तक लड़ता है और उसका अन्त अधर्म का सहारा लेकर होता है इसलिए वहाँ पर भीम का नायकत्व धुँधला पड़ जाता है, मरते हुए दुर्योधन के चरित्र में एक चमक आ जाती है।

खलनायक के द्वारा खड़ी की गयी बाधा ही नायकत्व की गाथा बनती है। शकुनि गान्धारी के विवाह के बाद से ही महाभारत की ज़मीन तैयार कर रहा था, जिसे धृतराष्ट्र और गान्धारी के साथ भीष्म ने भी अनदेखा किया। शकुनि ने धर्म के रास्ते में बाधा खड़ी करने वालों की ऐसी फ़ौज तैयार की कि भगवान कृष्ण भी युद्ध के नायक को जैसा को तैसा करने की सलाह ही देते हैं। यह शकुनि के चरित्र का ही प्रभाव है कि छल को छल से ही काटा गया। शकुनि की खलनायकी महाभारत के सन्देश को नीरस नहीं होने देती है।

गान्धार प्रदेश की राजकुमारी गान्धारी को स्वयंवर का विकल्प नहीं मिलता है। उसके लिए जिस नेत्रहीन राजकुमार से विवाह का प्रस्ताव आता है उसे ही अपने जीवन का संकल्प मान वह आँखों पर पट्टी बाँध आगे के जीवन को अँधेरे में रखने की प्रतिज्ञा कर लेती है। सामन्ती समाज उसकी पीड़ा से आँखें मूँद उसे सती का दर्जा दे देता है। गान्धारी एक जटिल चरित्र है और उसकी आँखों पर बँधी पट्टी प्रतिरोध का प्रतीक है। गान्धारी अगुआई करती है उस स्त्री समुदाय का जो शुरू में प्रतिरोध न कर प्रतिशोध की अग्नि में दहकती है। लेकिन जब वो अपने सतीत्व की संचित ऊर्जा से अपने आख़िरी जीवित पुत्र के शरीर को वज्र का बनाना चाहती है तो कृष्ण उसके साथ छल करते हैं। इस मोड़ पर आकर गान्धारी सर्वशक्तिमान से टकराती है और दुनिया बनाने वाले को दुनिया से जाने का फरमान सुना देती है। पति और पट्टी के बीच इस व्रती के द्वन्द्व पर बेबाक बोल।

पट्टीव्रता

महाभारत में स्त्री किरदार अपने प्रतिरोधी सुर के कारण विमर्श के कई द्वार खोलती हैं। इसमें स्त्री चरित्रों के साथ जो प्रयोग हो रहे थे वे आगे पितृसत्तात्मक समाज की नींव रख रहे थे। इन्हीं में से एक प्रयोगधर्मी चरित्र है गान्धारी का। महाभारत के अन्त तक कृष्ण सबके लिए अजेय थे। दुर्योधन जैसा चरित्र भी उनकी आग्नेय ऊर्जा के सामने नेत्र बन्द कर लेता था। लेकिन महागाथा के उपसंहार में वो स्त्री कृष्ण से टकराती है जिसकी आँखों पर पट्टी बँधी थी। वो पूरे गीता ज्ञान को नकारते हुए कृष्ण को युद्ध का दोषी मानती है और उन्हें शाप देती है कि जिस तरह से तुमने मेरे कुल का नाश करवाया उसी तरह तुम्हारा यदुकुल समूल नष्ट हो जाये। कृष्ण उसकी आँखों को अपने विराट रूप से चौंधिया नहीं पाते हैं। सिर झुका कर इस प्रतिरोध को स्वीकारते हैं। समुद्र में डूबी द्वारिका नगरी गान्धारी के प्रतिरोध का प्रतीक है।

महाभारत की शुरुआत होती है भीष्म प्रतिज्ञा से। महाराज शान्तनु अपनी पसन्द का विवाह कर सकें इसलिए युवराज देवव्रत आजीवन अविवाहित रहने का प्रण लेते हैं। उनकी इस प्रतिज्ञा को भीष्म मान कर देवता उन पर फूल बरसाते हैं। इस प्रतिज्ञा के कारण वो ब्रह्माण्ड में विशिष्ट और पूजनीय होते हैं। इसके बाद महाभारत में एक और प्रतिज्ञा होती है, जिसका कारण है भीष्म का लाया हुआ विवाह प्रस्ताव। इस बार प्रतिज्ञा एक स्त्री करती है। गान्धार प्रदेश की राजकुमारी के लिए ऐसे राजकुमार का प्रस्ताव आता है जो नेत्रहीन है।

भीष्म अपने लिए तो आजीवन विवाह नहीं करने का विकल्प चुनते हैं लेकिन भारतवर्ष की राजकुमारियों को उनके लाये विवाह प्रस्तावों को संकल्प की तरह स्वीकार करना पड़ता है। जिस अम्बा ने अपना विकल्प चुनना चाहा उसकी हालत यह हुई कि उसे इस जन्म को त्याग कर अगले जन्म में भीष्म के विनाश का संकल्प लेना पड़ा।

गान्धारी ने इस विवाह प्रस्ताव के बाद प्रतिज्ञा की पट्टी बाँध ली। समाज ने उसके इस समर्पण को सतीत्व की संज्ञा दी। लेकिन गान्धारी का चरित्र जिस तरह से उभरता है वहाँ इसे प्रतिरोध के रूप में ही देखा जा सकता है। इन्सान जब अपने अन्दर की सारी ऊर्जा को दबा कर बैठता है तो वह एक बिन्दु पर तीव्र गति से फूटता है। इसी समाहित ऊर्जा से एक स्त्री की नज़र अपने बेटे के शरीर को वज्र बना देती है, तो दुनिया बनाने वाले को दुनिया से जाने का फरमान सुना देती है।

गान्धारी अपने पति की तरह जन्म से नेत्रहीन नहीं थी। उसने अपनी इच्छा से जानबूझकर पट्टी बाँधी थी। आँखों पर पट्टी बाँध गान्धारी स्व के विस्तार की सम्भावना को ख़त्म कर देती है। हम स्व को रोक कर अपने नज़रिये के विस्तार को रोक देते हैं। गान्धारी की पट्टी की ज़्यादातर व्याख्या इस रूप में हुई है कि पति दुनिया नहीं देख सकता है तो पत्नी भी नहीं देखे। लेकिन यह इतने तक सीमित नहीं है। भीष्म के लाये गये विवाह प्रस्ताव से गान्धारी के स्व को कुचला गया। इसे बेमेल और जबरन विवाह के प्रमाण के रूप में भी देखा जाता है। गान्धारी को कुन्ती और द्रौपदी की तरह स्वयंवर का मौक़ा नहीं मिलता है। भीष्म के प्रस्ताव को गान्धार नरेश सहर्ष स्वीकारते हैं और अपने बेटे शकुनि के विरोध की भी परवाह नहीं करते हैं। गान्धारी के लिए ऐसे राजकुमार का प्रस्ताव आया है जिसके बारे में पता है कि वो हस्तिनापुर का महाराज नहीं बन सकता है। जब गान्धारी की आँखों में देखने के लिए सपने ही नहीं हैं तो फिर उसके पास रह भी क्या जाता है। उसके पास एक उम्मीद उसकी कोख ही थी, लेकिन वहाँ भी वह कुन्ती से पिछड़ जाती है। पाण्डव पुत्रों को ही हस्तिनापुर के वारिस के तौर पर देखा जाता है। सामन्ती समाज में स्त्री के स्वप्न का विस्तार

पति और पुत्र में ही होता है। पति के बाद उसके पुत्र में भी राजगद्दी का हकदार होने की उम्मीद ख़त्म हो जाती है।

महाभारत में दो स्त्रियाँ प्रतिशोध की अग्नि में दहक रही हैं। पाण्डवों के शिविर में एक दहकती आग द्रौपदी है जिसका सामन्ती मर्दवादी समाज ने भरी सभा में अपमान किया। द्रौपदी की पीड़ा और प्रतिशोध मुखर है जो सभी को दिख रहा है। वहीं, कौरवों के शिविर में भी एक स्त्री ही दहक रही है। जुए के एक दाँव के कारण द्रौपदी को मिला रिसता हुआ घाव खुला था। द्रौपदी के पति ने एक बार जुआ खेला और उसके सम्मान को हार गया। गान्धारी के पिता और भाई शकुनि को जुए के व्यसनी के तौर पर देखा गया है। गान्धारी जैसी सर्वगुण सम्पन्न कन्या के हिस्से में स्वयंवर क्यों नहीं आया? आख़िर उसे एक बेमेल प्रस्ताव को ही महादेव का प्रसाद क्यों मान लेना पड़ा? गान्धारी की बेबसी की इमारत जुए की बुनियाद पर खड़ी थी। महाभारत में गान्धारी और शकुनि का पदार्पण एक साथ होता है। शकुनि गान्धारी के साथ हस्तिनापुर आता है तो यह भारतीय संस्कृति में स्त्री पक्ष के हित में ही देखा जाता है। सारे लोकगीतों में ससुराल में स्त्री के होंठों पर भाई को लेकर भरोसे और उम्मीद के बोल फूटते हैं। भाई आयेगा तो उसकी पीड़ा को समझेगा, विवाह बन्धन से हुए जख़्मों पर मरहम लगायेगा। लेकिन शकुनि वैसा भाई निकला जिसके कारण मुहावरों में मामा की छवि खलनायक जैसी हो गयी। भाई अपने भांजे के बहाने सत्ता पर नियन्त्रण चाह रहा था। बहन ने अपने सपनों पर पट्टी बाँध ली थी तो शकुनि की आँखों में पूरे हस्तिनापुर पर नियन्त्रण का तैरता स्वप्न कोई भी पढ़ सकता था।

यहाँ हमें एक चरित्र कुन्ती भी दिखती है। पाण्डु के मरने के बाद कुन्ती भी सती होने की राह चुन सकती थी। लेकिन उसने अपने बच्चों के लिए जीना और लड़ना पसन्द किया। वह अपने मायके नहीं लौटी और ससुराल से अपना और बच्चों का हिस्सा माँगा। महाभारत के युद्ध के समय कुन्ती कौरवों के ही शिविर में थी। हाँ, जब उसके मातृकुल के कृष्ण ने उसका सकारात्मक साथ दिया तो उसके बेटों

का पलड़ा बहुत भारी हो गया। कुन्ती और गान्धारी के संघर्ष का फ़र्क़ दिखाता है कि स्त्री का सशक्तीकरण तो मातृकुल से ही शुरू हो जाता है। मायका साथ रहता है तो ससुराल का संघर्ष आसान हो जाता है। द्रौपदी की पीड़ा तो ससुराल से शुरू होती है लेकिन गान्धारी की ज़मीन मातृकुल में ही कमज़ोर कर दी गयी थी।

गान्धारी युद्ध में अपने निन्यानवे पुत्र की हत्या तक निष्पक्ष खड़ी रहती है। वो दोनों पक्षों के पुत्रों को बराबर का आशीर्वाद देती है। लेकिन जब देखती है कि कृष्ण के कारण पाण्डवों का पलड़ा भारी है तो अपने एकमात्र जीवित पुत्र के शरीर को वज्र का बनाना चाहती है। यहाँ भी उसके सतीत्व की ऊर्जा में कृष्ण का छल बाधा बन जाता है। जिस सतीत्व को उसे अपने बेटे के जीवन को बचाने में ख़र्चना था उसे प्रतिशोध में कृष्ण की मौत का शाप देने में ख़र्च किया। सत्ता ने उसे सती का दर्जा तो दिया लेकिन वो अपनी मर्ज़ी से अपने बेटे को सतीत्व का आशीर्वाद भी नहीं दे पायी। समाज में जो जितना सताना मंजूर कर लेती है उसे सतीत्व का उतना ही शानदार शामियाना ओढ़ा दिया जाता है।

गान्धारी का पट्टी बाँधना और खोलना दोनों को कई तरह के तर्कों के साथ देखा जाता रहा है। उसके जीवन का अँधेरा पूरी स्त्री जाति के दमन को सामने लाता है। आज आधुनिक युग के दाम्पत्य जीवन में भी ऐसा देखा जाता है। शुरू में दबाई हुई स्त्रियाँ, उस समय भले नहीं बोल पाती हैं। लेकिन उनके अन्दर कुण्ठा पनप रही होती है। शुरू में सकारात्मक प्रतिरोध नहीं करने के बाद लिया गया प्रतिशोध इतिहास बदलने के काम तो नहीं आता, इतिहास के मोड़ पर सबक के तौर पर देखा जाता है। स्त्री समुदाय के लिए गान्धारी की पट्टी इस बात का सबक है कि उसे अपना सम्बल ख़ुद ही बनना होगा, समय पर बोल कर, आँखें खोल कर।

महाभारत में धर्म की पुनर्स्थापना के लिए जो अधर्म का चरम था वह खुद धर्मराज के अवतार ने किया। गुरु द्रोण का वध वह मोड़ है जहाँ व्यवस्था को बनाने के लिए व्यवस्था की हत्या को जायज़ ठहराया जाता है। व्यवस्था इस पर निर्भर करती है कि उसका प्रबन्धन कौन कर रहा है। महाभारत के ज़रिये भारत में राज–समाज को चलाने के नियमों का निर्माण हो रहा था। वंशवाद से लेकर जातिवाद की सामन्ती व्यवस्था की बुनियाद पड़ रही थी। शिक्षा सीखने और सिखाने वाले के बीच सहज और सरल रिश्ता नहीं रह गया था। धर्म और राजसत्ता के गठजोड़ से इस पर ख़ास वर्ग का वर्चस्व कायम हुआ। द्रोणाचार्य ने जिस गुरुकुल परम्परा की शुरुआत की, वहाँ ज्ञान को भी पैतृक सम्पत्ति की तरह अपने वारिसों के लिए ही हस्तान्तरणीय बनाया गया। परशुराम से लेकर द्रोण जैसे पौराणिक चरित्रों के ज़रिये शिक्षा को जिस तरह ख़ास तबके के लिए सुरक्षित रखा गया उस पर बेबाक बोल।

द्रोणकाल

इस स्तम्भ पर जब यह सवाल उठ रहे थे कि इस समय 'महाभारत' क्यों तब देश का एक बड़ा तबका इस बात से जूझ रहा था कि हम बिना स्मार्ट फ़ोन या लैपटॉप व बेहतर इंटरनेट कनेक्शन के ऑनलाइन पढ़ाई कैसे करें। जब विद्यार्थियों का बड़ा वर्ग ऑनलाइन स्कूलों की कक्षा में पहुँचने से वंचित रह जाता है तो एक बार उन प्रतीकों पर बात करने की ज़रूरत है जो आधुनिक संस्थानों को प्रभावित कर रहे हैं। यहीं पर हमारे सामने आते हैं महाभारत के प्रतीक पुरुष द्रोण। अगर आपको किसी देश के माहौल को समझना है तो वहाँ के किसी विद्यालय के माहौल को समझ लेना ही काफ़ी होगा। महाभारत में द्रोण और उनका गुरुकुल उस व्यवस्था की पौधशाला है जहाँ वंशवाद तथा जातिवाद के बीज बोकर पूरी सामन्ती व्यवस्था की फ़सल तैयार की गयी।

आज शिक्षा शब्द के साथ ही हम एक ऐसे ढाँचे की कल्पना करते हैं जहाँ सबको समान शिक्षा पाने का समान अधिकार हो। द्रोणाचार्य जब ख़ुद को एक शिक्षक के रूप में स्थापित कर रहे थे तो वे अपने साथ एक पक्षपाती विचार को भी मज़बूत कर रहे थे। जो बच्चा सबसे ऊर्जावान दिखता है, उसे अपना सर्वश्रेष्ठ शिष्य बनाने के लिए चुन लेते हैं। मेहनती अर्जुन को विश्व का श्रेष्ठ धनुर्धर बनने की भविष्यवाणी करने के साथ ही किसी और को धनुर्विद्या नहीं सिखाते हैं। हर शिष्य को अलग–अलग विधा में पारंगत करते हैं।

बालक दुर्योधन के मन में चचेरे भाइयों के प्रति दुर्भावना है तो उसे ठीक करने के बजाय अपने बेटे अश्वत्थामा को इस बात के लिए प्रेरित करते हैं कि वह पाण्डव भाइयों के साथ अच्छे सम्बन्ध बनाये। द्रोण बेहतर शिष्य की पहचान करते हैं और भविष्य में अपने फ़ायदे के लिए छाँट कर रख लेते हैं तो कमतरों को उनके हाल पर छोड़ देते हैं। वे दुर्योधन के ख़राब व्यवहार को सुधारने पर मेहनत करने का मुश्किल विकल्प छोड़ आज्ञाकारी अर्जुन को बेहतर बनाने का संकल्प चुनते हैं। एक शिक्षक को इस बात पर गर्व होना चाहिए कि कमज़ोर तबके का बच्चा उनकी मूर्ति बना कर ही शिक्षा हासिल कर रहा है। लेकिन इसमें गर्व के बजाय एकलव्य में जाति की हीनता दिखती है। इस तरह उन्होंने जाति को एक कारण बना कर उसे शिक्षा से वंचित कर दिया।

परशुराम से लेकर द्रोण तक ने वर्ण–व्यवस्था के तहत शिक्षा को जाति की ज़ंजीर में जकड़ दिया। ब्राह्मण और क्षत्रिय के अलावा किसी को शिक्षा लेनी भी है तो उसे झूठ बोलना होगा। उसके बाद भी उसे कर्ण की तरह ऐसा शाप दिया जायेगा कि ऐन मौक़े पर वह उसकी मृत्यु का कारण बन जाये।

शिक्षा में जातिवादी व्यवस्था के अगुआ परशुराम द्रोण के गुरु हैं। परशुराम से लेकर द्रोण तक में हम ब्राह्मण और क्षत्रिय के संघर्ष को देख सकते हैं। द्रोण का किरदार एक ग़रीब ब्राह्मण के रूप में शुरू होता है जो ग़रीबी और भूख को झेलते हैं। उनका जीवन दान और भिक्षा पर टिका हुआ है। बेटा अश्वत्थामा भूख से रोता है तो उनकी पत्नी कृपी उसे दूध के नाम पर पानी में आटा घोल कर पिला देती है। इस दारुण दृश्य को देख वे अपने बाल सखा राजा द्रुपद के पास मदद माँगने जाते हैं जो कभी अपने ग़रीब ब्राह्मण दोस्त को अपना आधा राज्य देने का दावा करता था। लेकिन अब मदद माँगने आये दरिद्र दोस्त को द्रुपद अहंकार से कहते हैं कि दरिद्र मनुष्य धनवान का, मूर्ख विद्वान का और कायर शूरवीर का मित्र हो ही नहीं सकता।

द्रुपद द्वारा इस अपमान के बाद ही द्रोण की निर्मिति होती है। यह ब्राह्मण महज़ विद्या के ज़रिये सिर्फ़ दरिद्रता ही झेल रहा था। अब वह शस्त्र उठा कर उन क्षत्रियों का गुरु बनता है जिनके पास सत्ता है। शस्त्र और सत्ता के मेल के ज़रिये अपना वर्चस्व कायम किया जा सकता है।

राजाश्रय मिलते ही विपन्न द्रोण, द्रोणाचार्य बन जाते हैं। भूख और जलालत भरी ज़िन्दगी को पीछे छोड़ उनका सशक्तीकरण होता है। इसके साथ ही शिक्षा के सवाल का जाति से गठजोड़ होता है। शिक्षा किसको, कितनी और कैसे मिलेगी, यह ब्राह्मण और क्षत्रिय के गठजोड़ की व्यवस्था तय करेगी। इस व्यवस्था को हम चार चरित्रों एकलव्य, अश्वत्थामा, कर्ण और अर्जुन के ज़रिये समझ ही चुके हैं। इन चारों में वे सिर्फ़ दो को ही शिष्य होने का अधिकार देकर एकलव्य और कर्ण को नकार देते हैं। शूद्र शिष्य उनसे ख़ुद ही शिक्षा ले लेता है तो गुरु उसका अँगूठा ही माँग लेते हैं। शूद्र को शस्त्र और शास्त्र के ज्ञान से वंचित कर जाति–व्यवस्था की जकड़न को और मज़बूत कर दिया जाता है।

व्यवस्था को व्यवस्था की तरह सन्तुलित भी दिखना चाहिए, इसलिए इसके प्रतीक पुरुष का चेहरा बहुआयामी होने की माँग करता है। एकलव्य और कर्ण के साथ हम द्रोण का नकारात्मक रूप देखते हैं तो वहीं वे अर्जुन को शिक्षा देते हैं कि तुम्हारे विपक्ष में जो भी खड़ा रहे तुम्हें उससे लड़ना ही है। अगर मैं भी तुम्हारे सामने खड़ा हूँ तो तुम्हें मुझसे भी लड़ना है। वे अपने बन्धन को भी मानते हैं कि कौरवों के आश्रय में रहने के कारण उनके साथ बँध गये हैं।

द्रोण को अपने अभाव के कारण राजाश्रय हासिल करना पड़ा तो इस वजह से महाभारत के युद्ध में अपने राजा के पक्ष में ही लड़े। लेकिन न्याय के पक्ष में ख़ुद पाण्डवों का वध नहीं करने की सौगन्ध लेकर अर्जुन को कहा कि तुम मुझ पर वार करने से हिचकना मत। धनुर्विद्या में वे अपने पुत्र से ज़्यादा शिष्य को श्रेष्ठ मानते थे। यहाँ योग्यता और शिष्यता का पक्ष भी आता है। आरोप लगाया जाता है

कि अर्जुन को अजेय रखने के लिए ही एकलव्य और कर्ण की शिक्षा में उन्होंने बाधा पहुँचाई। यह पक्षपात गुरु की कमज़ोरी है जो उनके साथ व्यवस्था का हिस्सा भी बन जाता है। उनकी हत्या भी इसी का परिणाम है जो कृष्ण की तय व्यवस्था से होती है। कृष्ण और बलराम जातिगत श्रेष्ठता को तोड़ने के प्रतीक के रूप में दिखते हैं जो सबको शिक्षा देने के हिमायती हैं।

शिक्षा सशक्तीकरण की बुनियाद होती है तो इसका आधार गुरुकुल परम्परा को बनाया गया। यानी ख़ास कुल व खानदानी लोगों के लिए ही दरवाज़े खुलेंगे। अब खानदानी वही हैं जो राजघराने से आते हैं। स्त्री, शूद्र और अन्य कमज़ोर तबके को इससे अलग रखा गया।

आधुनिक भारत में शिक्षा को वर्ण–व्यवस्था की कुरीति से मुक्त करने के लिए आरक्षण को औज़ार बनाया गया। वंचित तबके तक शिक्षा को पहुँचाने के लिए ख़ास तरह के स्कूल और जेएनयू जैसे विश्वविद्यालय बने। इसके बाद भी प्रतीक पुरुषों की बनायी भेदभाव की व्यवस्था अपना वर्चस्व बना ही लेती है। आज भी हम देश की राजधानी में नौकरशाहों के बच्चों के लिए आरक्षित 'संस्कृति' स्कूल जैसा शिक्षा का द्वीप पाते हैं। इसमें या किसी और महँगे स्कूल में आर्थिक रूप से कमज़ोर वर्ग का कोई एकलव्य या कर्ण पहुँच भी जाता है तो ग़ैरबराबरी की खाई में गिर कर अपने अस्तित्व से जूझने की दोहरी जंग लड़ता है। आधुनिक खेल प्रशिक्षण में 'द्रोणाचार्य पुरस्कार' जाति व्यवस्था का ही मोह ढोता दिखता है। ख़ास वर्ग के नियन्त्रण को एक तरह से भारतीय शिक्षा का पैमाना बना दिया गया है। भारतीय शिक्षा आज भी गुरुकुल परम्परा से रोमांचित होती है। इसलिए सरकार बदलते ही भारत के आधुनिक शहरों का अग्रदूत बन रहे गुड़गाँव का नाम बदल कर गुरुग्राम किया गया। हरियाणा के इस भूगोल को इतिहास में गुरु द्रोण की कर्मस्थली बताया गया है तो राजनीति ने इसे अपनी विचारधारा का प्रतीक बना डाला।

जिस रूप में द्रोणाचार्य ने भेदभाव भरी शिक्षा की बुनियाद रखी, वह आज भी भारतीय शिक्षा के सामने बहुत बड़ा सवालिया निशान लेकर खड़ी है। क्या अब भी हम उसे उसी रूप में मान सकते हैं? आधुनिक शहर को गुरुग्राम बनाना और आधुनिक खेल शिक्षा में द्रोणाचार्य की छवि की पुनर्स्थापना के बरअक्स लगता है कि अपने पुत्र की तरह वो पिता भी अमर हो हमारी व्यवस्था का हिस्सा बने हुए हैं। वो आज भी व्यवस्था की इमारत के कंगूरे पर चमक उठते हैं।

प्राचीनकाल से ही दुनिया भर के शासक वर्ग को इस बात का अहसास रहा है कि किसी भी तरह का युद्ध आधा तो मनोवैज्ञानिक तरीक़े से ही जीत लिया जाता है। महाभारत का युद्ध इसकी शुरुआती मिसाल है कि मन के जीते जीत है। सत्ता के लिए यही काम बुद्धिजीवी वर्ग करता आया है उसका अनुषंगी बन कर। विदुर जैसे नीतिकार आज सत्ता के लिए जनमत निर्माण करते हैं। राजा और प्रजा को धर्म की डोर से जोड़ने वाले इस वर्ग का धर्म बदलती सत्ता के साथ बदलना है। 'विदुर नीति' इतनी लचीली है कि वह कौरवों के अधर्म और पाण्डवों के धर्म दोनों के साथ सामंजस्य कर लेती है। बुद्धिजीवी वर्ग बखूबी जानता है कि उसका काम सिर्फ़ नीतियों को बनाना है, उसे लागू करना नहीं। वह सबकी ज़िम्मेदारी तय करेगा लेकिन ख़ुद किसी भी परिस्थिति के लिए ज़िम्मेदार नहीं होगा। हर जलवायु में अपने अनुकूल मौसम बनाने वाले विदुर वर्ग पर बेबाक बोल।

विदुर वर्ग

कोरोना काल में जब बिहार में चुनावी चर्चा शुरू हो चुकी है तो ऐसे समय में एक प्राचीन प्रतीक मिल जायेगा। मानसून में चर्चा उस मौसम वैज्ञानिक की जो सत्ता की हवा का रुख भाँप ख़ुद को किसी भी तरह के पर्यावरण संकट से महफ़ूज़ रख लेता है। सत्ता को साधने का यह ज्ञान शुरू होता है महाभारत काल से। आज जिसे तुरुप का पत्ता या 'मास्टर स्ट्रोक' कहते हैं, महर्षि वेदव्यास ने उसे उद्योग पर्व में 'विदुर नीति' का नाम दिया है। सत्ता के साथ चलने और बदलने वाले इस वर्ग को उस समय भी 'काग़ज़ी क्रान्ति' की अहमियत पता थी। उसे मालूम था कि उसका समय कभी नहीं जायेगा। उस दौर से ही इस वर्ग की विशेषता रही है कि उसे सिर्फ़ नीति बनानी है, लागू करने की ज़िम्मेदारी नहीं लेनी है।

महाभारत के चरित्रों के चित्रण को उनके जन्म के साथ जोड़ा गया है। विदुर का व्यक्तित्व भी जन्म के हिसाब से अहम है। धृतराष्ट्र, पाण्डु और विदुर के पिता वेदव्यास हैं। लेकिन विदुर की माता दासी हैं। इसलिए सबसे योग्य होने के बावजूद वे राजगद्दी के हकदार नहीं हैं। वे बार–बार दासीपुत्र कह ख़ुद को हीनता के शिकार भी जताते हैं। अपने दो भाइयों को राजगद्दी का हकदार देख विदुर के व्यक्तित्व में कई तरह की कुण्ठा का आना स्वाभाविक था। इसी कुण्ठा में वे धृतराष्ट्र को राजा बनने से रोकते हैं। विदुर को पहले ही धर्म और नीति का अवतार घोषित किया जा चुका था। उनके कारण पहली बार धृतराष्ट्र अपनी शारीरिक कमी के कारण ख़ारिज

होकर हीनता के शिकार होते हैं। हस्तिनापुर के अभिभावक भीष्म द्वारा धृतराष्ट्र को महाराज घोषित करते ही विदुर अपनी नीति को खलनायक की तरह सामने लाकर पाण्डु को नायक बनाने का श्रेय ले जाते हैं। ख़ुद को दासीपुत्र कह–कह कर राजपुत्रों के भाग्य विधाता बन जाते हैं। राजगद्दी के लिए धृतराष्ट्र को ख़ारिज करने के साथ ही कुरुक्षेत्र का मैदान तैयार हो जाता है, जिस पर विदुर बहुत सावधानी और सतर्कता से अपनी नीति को आगे बढ़ाते हैं।

जिस धृतराष्ट्र को विदुर पहले अयोग्य ठहराते हैं, पाण्डु के निधन के बाद उसके ही राजा बनने के तर्क भी खोज लाते हैं। द्रौपदी के चीरहरण के वक़्त विरोध की औपचारिकता निभा उस अधर्म को करने वालों के साथ रहने में भी उन्हें कोई संकोच नहीं होता। वे धृतराष्ट्र को द्यूत सभा नहीं करवाने के लिए राजी भी नहीं करवा पाये थे। द्रौपदी ने चीरहरण के वक़्त जिन लोगों को अधर्म का साथ देने के लिए शाप दिया सभी ने उसे भुगता। सिर्फ़ विदुर को शापरोधी रख वेदव्यास ने आगे के लिए संकेत दे दिये थे कि कोई बदलाव इनका कुछ नहीं बिगाड़ पायेगा क्योंकि ये बदलाव लाने की क्षमता रखने वालों के पक्ष में बदल जायेंगे।

पाण्डवों के सत्ता से बाहर होने के बाद विदुर कौरव पक्ष में मन्त्री रहते हुए भी खुलेआम पाण्डवों के साथ रिश्ता बनाते हैं। लेकिन कौरवों से रिश्ता तोड़ते नहीं हैं क्योंकि उन्हें भान है कि सत्ता के साथ रह कर ही उनका महत्त्व कायम रह सकता है। सत्ता में बदलाव की गन्ध सूँघ धर्म के नाम पर विपक्ष में भी अपनी स्वीकार्यता बनाये हुए थे।

दासीपुत्र की पहचान को विनम्रता से रखते हुए विदुर ने कभी भी सीधे तौर पर राजगद्दी पर अपने हक की माँग नहीं रखी। लेकिन उनकी पहचान उस राजवंश से जुड़ी हुई है। उन्हें क्षत्रिय होने का हक नहीं था। राजवंश में वे अपनी योग्यता और अयोग्यता के भँवर में फँसे रहते हैं। ऐसी स्थिति में स्वाभाविक तौर पर उनका व्यक्तित्व भीष्म की तरह कुण्ठाविहीन नहीं था। भीष्म का राजसत्ता से एक निष्पक्ष सम्बन्ध था जिसमें किसी तरह की हीनता नहीं थी।

ऐसी स्थिति में विदुर धर्म और नीति की व्याख्या के ज़रिये अपना महत्त्व स्थापित करते हैं। विद्वान के रूप में मुक़ाम हासिल कर सत्ता को अपनी तरह से परिभाषित करना शुरू कर देते हैं।

नीति का सम्बन्ध नियम और मर्यादा से है। यह नियम राजसत्ता ही तय करती है। राजसत्ता के बदलते ही नियमों को अपने अनुकूल बना लिया जाता है। विदुर में हम आज के 'सफल' नेताओं की छवि देख सकते हैं। विदुर कौरवों के राज में धृतराष्ट्र के मन्त्री हैं तो पाण्डवों का राज आते ही युधिष्ठिर के सबसे प्रिय बन उनके भी मन्त्री बन जाते हैं। ध्यान दें कि महाभारत के युद्ध के बाद कौरवों के पक्ष के एकमात्र विदुर को ही नयी सत्ता में हिस्सेदारी मिलती है। 'विदुर नीति' वह है जो धृतराष्ट्र के अधर्म और युधिष्ठिर के धर्म के साथ समायोजित हो जाये।

'विदुर नीति' का मूल सार है, किसी भी तरह राजसत्ता के साथ बने रहना। यह नीति आपको भविष्य देखने में पारंगत कर वर्तमान को लेकर निश्चिन्त बनाती है। विदुर नीति में स्पष्ट था कि भविष्य में राजसत्ता वहीं होगी जिधर कृष्ण होंगे, जिसे धर्म का नाम दिया गया है। इसी वजह से धृतराष्ट्र के साथ उनका जो सम्बन्ध बन रहा है वह दुर्योधन के ख़िलाफ़ बन रहा है। दुर्योधन उन्हें बाहर भी निकाल देता है और वे जंगल तक चले जाते हैं। लेकिन धृतराष्ट्र को महसूस होता है कि वो अकेले पड़ गये हैं तो उन्हें वापस बुलाते हैं। धृतराष्ट्र के पास विदुर के अलावा कोई विकल्प नहीं छोड़ा गया है और विदुर भी घर वापसी नहीं करने का कोई संकल्प नहीं लेते हैं। बुलाने पर वे आराम से अधर्म की मोहर वाले खेमे में लौट भी जाते हैं। वे अपनी नीति को इतना लचीला बना लेते हैं कि स्वाभिमान जैसे किसी भी भाव को अपने व्यक्तित्व के पास फटकने तक नहीं देते हैं।

यह स्व–विहीन व्यक्तित्व विदुर की निर्मिति के साथ जुड़ा हुआ है। अगर वे स्वाभिमान का बोझ उठाते हैं तो उन्हें राजसत्ता के ख़िलाफ़ खड़ा होना होगा जो वे बिल्कुल नहीं चाहते हैं। इस स्वाभिमान की कमी को वे निष्पक्षता का दुशाला ओढ़ ढकने की कोशिश करते हैं जो कृष्ण के आते ही उघड़ जाता है।

कृष्ण वो मनोवैज्ञानिक हैं जो सत्ता में विदुर जैसे बौद्धिकों की ज़रूरत समझते हैं। युद्ध रोकने के लिए कृष्ण जब शान्तिदूत बन कर हस्तिनापुर आते हैं तो दुर्योधन की जगह विदुर का आतिथ्य स्वीकार करते हैं। इस तरह वे युद्ध के पहले ही कौरवों के मनोबल को तोड़ने में कामयाब हो जाते हैं। विदुर और कृष्ण दोनों ने युद्ध नहीं लड़ने की शपथ ली है। कृष्ण तो मैदान में अर्जुन के सारथी हैं ही लेकिन विदुर मैदान के बाहर से भी कौरवों का मनोबल तोड़ कर पाण्डवों को फ़ायदा पहुँचा रहे थे।

युद्ध की स्थिति में विदुर अपनी नीति से ख़ुद को निष्पक्ष रूप से खड़ा रखते हैं लेकिन राजसत्ता बदलते ही वे जीते हुए पक्ष के पक्षकार बनना सहर्ष स्वीकार कर लेते हैं। आज के बौद्धिक वर्ग का आरम्भिक रूप हम विदुर में देख सकते हैं। विदुर अपनी नीति के ज़रिये आज उन लोगों की अगुआई करते हैं जो अपने अस्तित्व के लिए राजसत्ता की दया पर निर्भर हैं। वे अपनी योग्यता और क्षमता की धार सत्ता के औज़ार से ही तेज़ करते हैं।

दुर्योधन की छवि खलनायक की है। लेकिन किसी भी क़ीमत पर दोस्ती निभाने और अपने पक्ष पर तटस्थ रहने की उसकी ख़ूबी आज नहीं दिखती है। वहीं, विदुर महाभारत की ऐसी देन हैं जिसकी हर खेमे में भरमार है। 'विदुर नीति' को आज के भारत में जनमत निर्माण कहते हैं। जनमत को प्रभावित करने वाला जानता है कि राजसत्ता के साथ जुड़ कर ही अपने विचार को कारगर कर सकता है। वह अपने बौद्धिक वन्दनवार के ज़रिये अपने महत्त्व को भी पाना चाहता है और सत्ता के महत्त्व को भी बनाये रखना चाहता है। यहाँ सवाल उठ सकता है कि यह वर्ग तो ख़ुद को सत्ता के प्रतिरोध का प्रतीक मानता है। जी, वो विरोध तब आता है जब सत्ता के बदलने की गुंजाइश आती है। सत्ता में बदलाव के साथ विरोध हम साथ–साथ हैं के नम्र अनुरोध में बदल जाता है, जिसे आम भाषा में मौक़ापरस्ती कहते हैं। दरअसल, 'विदुर नीति' सत्ता में बौद्धिक वर्ग के शुरुआती अवसरवाद का ही रूप है।

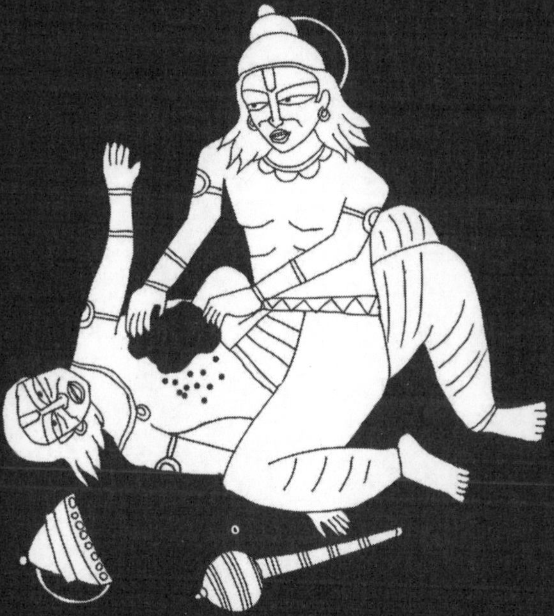

बल बड़ा या बुद्धि यह सनातन प्रश्न रहा है। क्या बिना विवेक के बल सकारात्मक हो सकता है? महाभारत में धर्म के खेमे में खड़े भीम को दस हज़ार हाथियों के बल के बराबर रखा गया है। अकेले उनके ही खाते में सौ कौरवों की हत्या है। इतिहास गवाह है कि बल का प्रयोग बुद्धि ही करती है। द्रौपदी के पाँच पतियों में से एक भीम उसकी हर बात को मानने के लिए तैयार रहते हैं। द्रौपदी आँख के बदले आँख और जान के बदले जान वाले तुरन्ता न्याय में यक़ीन रखती है। द्रौपदी के जीवन का उद्देश्य प्रतिशोध पूरा करना बन जाता है तो भीम उसके प्रतिशोध की पूर्ति के औज़ार भर बन जाते हैं। इन दोनों को धर्म के खेमे में इसलिए जगह मिली क्योंकि यह पूर्वनियोजित था। भीम को जिस तरह आसुरी शक्तियों से लैस किया गया है और अधर्म को अधर्म से ही ख़त्म करने की स्थापना, उन्हें एक नायक की चमक नहीं ओढ़ने देती। बजरिये भीम बुद्धि बनाम बल पर बेबाक बोल।

भीमासुर

महाभारत की कथा चरित्रों का कुरुक्षेत्र भी है। इसके चरित्र किसी समय यन्त्र में सवार से लगते हैं जो किसी भी काल और सन्दर्भ के साथ मुठभेड़ कर सकते हैं। महाभारत के चरित्रों को सबसे ज़्यादा रंगमंचीय अभिव्यक्ति मिली है। रंगमंच के पात्रों की विशेषता होती है उनका एक में अनेक होना। चरित्रों की इसी चकाचौंध में हमें खड़े मिलते हैं भीम। जिनमें दस हज़ार हाथियों का बल है। पाँच पाण्डवों में अकेले भीम सौ कौरवों की हत्या करते हैं। श्रीकृष्ण की खींची गयी धर्म और अधर्म की लकीर के अनुसार भीम हैं तो धर्म वाले मैदान में लेकिन उनके अन्दर आसुरी शक्तियों को रख उनके चरित्र को जटिल बना दिया गया है। एक ऐसा बलवान शरीर जिसमें विवेक और धैर्य के लिए कोई जगह नहीं हो।

भीम के चरित्र के बारे में सोचते हुए याद आता है गिरीश कर्नाड का चरित्र 'हयवदन'। कन्नड़ भाषा में लिखा यह नाटक जर्मन रचनाकार थॉमस मान के 'ट्रांसपोज्ड हेड्स' पर आधारित है। हय का शाब्दिक अर्थ घोड़ा होता है। मंच पर नाटक की शुरुआत हयवदन से होती है जिसका शरीर इन्सान का और सिर घोड़े का है। हयवदन के जन्म की कहानी यूँ है कि एक राजकुमारी स्वयंवर में एक राजकुमार के घोड़े को अपना पति चुन लेती है। विवाह के बाद घोड़ा एक आकाशीय प्राणी का रूप ले लेता है तो राजकुमारी उसे अस्वीकार कर देती है। घोड़ा उसे शाप देकर घोड़ी बना देता है। उसी राजकुमारी से हयवदन

का जन्म होता है। हयवदन अपने इस रूप से मुक्ति चाहता है तो उसे काली माँ के मन्दिर जाने के लिए कहा जाता है।

यहीं मंच पर कहानी शुरू होती है दो पुरुष और एक स्त्री के बीच प्रेम त्रिकोण की। दो दोस्त हैं देवदत्त और कपिल। देवदत्त बुद्धि का प्रतीक है तो कपिल बल का। देवदत्त शारीरिक शक्ति तो कपिल ज्ञान से दूर है। नाटककार देवदत्त का सिर और कपिल का धड़ मिला कर एक सम्पूर्ण मनुष्य की कल्पना करते हैं। वे इन्हें कृष्ण–बलराम की जोड़ी की तरह देखते हैं। नायिका पद्मिनी देवदत्त से शादी करती है। लेकिन बाद में उसका आकर्षण कपिल की शारीरिक शक्ति से होता है। इस ग्लानि में देवदत्त अपना सिर काट कर काली मन्दिर में चढ़ा देता है। अपने दोस्त की इस कुर्बानी से व्यथित कपिल भी अपना सिर काट देता है। इन दोनों की मौत का ज़िम्मेदार ख़ुद को मानते हुए पद्मिनी भी अपनी जान देने की कोशिश करती है। तभी देवी काली प्रकट होकर कहती हैं कि मैं इन दोनों को जीवित कर दूँगी, तुम दोनों के सिर जोड़ दो। पद्मिनी दोनों के सिर को धड़ से जोड़ देती है और दोनों के शरीर में प्राण फूँक कर देवी ओझल हो जाती हैं। तभी पद्मिनी को होश आता है कि उसने कपिल के धड़ पर देवदत्त का सिर और देवदत्त के धड़ पर कपिल का सिर जोड़ दिया है। जीवित होने के बाद दोनों दोस्तों में पद्मिनी पर अधिकार को लेकर झगड़ा होता है। एक मस्तिष्क को तो दूसरा शरीर को अहम बताता है।

एक ऋषि मस्तिष्क को अहम मान कर पद्मिनी पर देवदत्त का अधिकार बताते हैं और वह उसके साथ चली जाती है। उन दोनों को एक पुत्र होता है। समय बीतने के साथ पद्मिनी की रुचि फिर कपिल की शारीरिक शक्ति में होती है। देवदत्त यह बर्दाश्त नहीं कर पाता है। वह कपिल से युद्ध करता है। युद्ध में दोनों मारे जाते हैं और पद्मिनी अकेली रह जाती है।

इस नाटक के सार में सवाल उठता है शरीर अहम है या बुद्धि? या फिर एक ही इन्सान में दोनों का होना ज़रूरी है? यहाँ भीम के बलवान शरीर की तुलना कपिल से होती है जिसके पास

विवेक नहीं बल है। पाँचों पाण्डवों में एक भीम है जिसके खाते में सौ कौरवों और जरासन्ध, हिडिम्ब, कीचक का वध है। सबसे ज़्यादा हिंसा उसी के हिस्से है।

द्रौपदी और उसके पाँच पति के ज़रिये स्त्री–पुरुष सम्बन्ध के कई आयाम निकलते हैं। बुद्धि और विवेक में कमतर होने के बावजूद द्रौपदी भीम को बहुत पसन्द करती है। द्रौपदी के चरित्र का मुख्य उद्देश्य प्रतिशोध बन जाता है जिसमें उसे चार पतियों का धैर्य और विवेक बाधा के समान लगता है।

पांचाली धर्मराज के अवतार युधिष्ठिर के धैर्य पर सबसे ज़्यादा तंज करती है। वह अपने से जुड़े हर रिश्ते का इस्तेमाल अपने प्रतिशोध के लिए अपनी तरह से करना चाहती है। पर युधिष्ठिर और अर्जुन के चरित्र की स्थिरता उसे ऐसा करने से रोक सही समय और सही तरीक़े का इन्तज़ार करने के लिए कहती है। सैद्धान्तिक रूप से वे दोनों धर्म के ख़िलाफ़ नहीं जाना चाहते हैं।

यहीं पर भीम ऐसे रूप में सामने आते हैं जो द्रौपदी के कहे को पूरा करने के लिए किसी भी हद से गुज़र जाते हैं। अज्ञातवास के दौरान मत्स्य नरेश विराट के सेनापति कीचक सैरन्ध्री रूपी द्रौपदी का अपमान करता है तो वह युधिष्ठिर से तुरन्त इसका बदला चाहती है। वह इस बात की भी परवाह नहीं करती है कि उनका भेद खुल गया और अज्ञातवास टूट गया तो पाण्डव जीती बाजी हार जायेंगे। द्रौपदी जानती है कि कौन तुरन्त बदला ले सकता है और वह भीम के पास जाती है। भीम सब कुछ भुला तुरन्त कीचक का वध कर देते हैं।

भीम के चरित्र को सुर और असुर के बीच का रखा जा सकता है। मानो हयवदन के चरित्रों की तरह शरीर के अंग बदल दिये गये हों। दिमाग़ में सिर्फ़ घोड़े जैसी ताक़त बसती हो। भीम में यह प्रतीक है दस हज़ार हाथियों का। मुश्किल यह है कि इस तरह की शक्ति का चरित्र हमेशा दूसरों के द्वारा इस्तेमाल ही किया जाता है। इस शक्ति की डोर उनके पास होती है जो विवेक के साथ अपना हित देखते हैं। इनकी शक्ति सिर्फ़ दूसरों को मारने या मरने तक सीमित हो जाती है।

महाभारत अच्छे और बुरे के बीच की लड़ाई है। दुःशासन का वध करने के बाद जब भीम रक्तपान कर द्रौपदी के पास जाते हैं तो वे एक बीभत्स असुर की तरह दिखते हैं। आँख के बदले आँख और जान के बदले जान लेने वाले वैसे बर्बर बदले के प्रतीक बनते हैं जो विवेक और ज्ञान के चक्षु से खलनायक नज़र आने लगता है। वह सुर नहीं बल्कि असुर के खाँचे में ही दिखने लग जाते हैं।

नायक और खलनायक की पहचान क्या होती है? विवेकपूर्ण नज़रिये के बिना नायकत्व नहीं आ सकता। महाभारत में जहाँ–जहाँ भीम का इस्तेमाल विवेक के साथ हुआ, वहाँ तो वे सकारात्मक रूप में दिखते हैं। नहीं तो फिर उनकी भूमिका प्रतिक्रियावादी और नकारात्मक चरित्र के तौर पर दिखायी देती है। वे एक स्वतन्त्र चरित्र के रूप में न तो नकारात्मक हैं और न सकारात्मक।

द्रौपदी भीम को दो कारणों से पसन्द करती है। एक तो वे ताक़तवर हैं और दूसरा बिना सोचे–समझे उसकी हर बात पूरी करने के लिए तत्पर रहते हैं। द्यूत सभा में द्रौपदी ने कहा था कि मैं दुःशासन के रक्त से केश धोने तक उन्हें खुला रखूँगी तो भीम ने तुरन्त उसके साथ प्रण किया कि मैं उसका रक्त पिऊँगा। महाभारत के युद्ध में भीम और द्रौपदी को सहजता से अधर्म के खेमे में रखा जा सकता था लेकिन इन दोनों का नायकत्व पूर्वनियोजित था। इसलिए ये आज भी नायकों के नाम के साथ ही लिए जाते हैं।

विवेकहीन ताक़त का भीम के लिए हासिल क्या है? सबसे ज़्यादा हत्या करने वाला इन्सान किसी भी सभ्यता और संस्कृति में नायक की तरह नहीं देखा जाता है। उसकी दशा ऐसे चरित्र अभिनेता की तरह होती है जिसका पैमाना नायक और नायिका अपने इस्तेमाल के हिसाब से तय करते हैं। बल की नियति बुद्धि का औज़ार बनना भर होती है। इतिहास औज़ार का इस्तेमाल करने वालों का होता है औज़ार बन जाने वालों का नहीं।

महाभारत महागाथा है युद्ध की। कुरुक्षेत्र के मैदान में युद्ध को धर्म की पुनर्स्थापना के लिए ज़रूरी बताते हुए गीता का उपदेश दिया गया। लेकिन इसी महागाथा में एक किरदार ऐसा भी है जो हमेशा युद्ध के ख़िलाफ़ रहा। कृष्ण के बड़े भाई बलराम एकमात्र वैसे नायक थे जिन्होंने महाभारत की धुरी बनी द्यूत–सभा के लिए धर्मराज युधिष्ठिर को भी दुर्योधन के बराबर ही ज़िम्मेदार ठहराया। उन्होंने पाण्डवों की पक्षधरता रखने के बजाय कौरवों और पाण्डवों के बीच दुश्मनी ख़त्म करने का प्रयास किया। जो युद्ध और ख़ास समूह की पक्षधरता के ख़िलाफ़ होता है वो मनुष्यता और सहजीवन में यक़ीन रखता है। बलभद्र, हलधर कहलाने वाले बलराम आज कृषक समुदाय के बीच पूजे जाते हैं। धरती और उसकी उर्वरता के साथ जुड़ा कृषक समुदाय प्रतीक होता है पालक और निष्पक्षता का। कुरुक्षेत्र के युद्ध के मैदान के उलट खेतों और खलिहानों में लोकगीत बनकर फूटने वाले बलराम के किरदार पर बेबाक बोल।

बलाख्यान

'मुझे सारी ज़िन्दगी इस बात पर गर्व रहेगा कि दुर्योधन मेरा शिष्य था...।' यह संवाद महाभारत में उस जोड़ी में से एक का है जो कृष्ण के साथ बनती है। बलराम महाभारत में किनारे खड़े वह किरदार हैं जिनका नायकत्व मुखर नहीं है। महाभारत में यह सन्दर्भ है भीम और दुर्योधन के बीच गदा–युद्ध का जिसमें बलराम नियमों को नकारने वाले शिष्य भीम पर शर्मिन्दा होते हैं।

गदा–युद्ध से प्रसंग शुरू करने का उद्देश्य बलराम के निष्पक्ष रूप को सामने लाना है। धर्म की पुनर्स्थापना के लिए अधर्म को भी आधार बना लेने वाले नायकत्व को स्थापित करने वाले महाभारत में निष्पक्षता मूल्यहीन सी खड़ी दिखती है। समय के चक्र के साथ उसकी यही मूल्यहीन पहचान आगे बढ़ायी जाती है। कुरुक्षेत्र में हर युद्धविरोधी सुर किनारे कर दिया जाता है तो आज दुनिया के ज़्यादातर लोकतान्त्रिक देशों में भी सत्ता के ख़िलाफ़ उठे सवाल को देश के ख़िलाफ़ करार दिया जाता है।

भारतवर्ष के राजाओं में से महज़ दो ने महाभारत के युद्ध में हिस्सा नहीं लिया था। एक बलराम और दूसरे रुक्मिणी के भाई रुक्मिण। महाभारत में बलराम ही एकमात्र ऐसे चरित्र हैं जो हमेशा अपना निष्पक्ष रूप दिखाते हैं। उन्होंने भीम और दुर्योधन दोनों को गदा–युद्ध सिखाया तो दोनों में कोई भेद नहीं किया। वही भेद जो द्रोण ने अर्जुन के लिए किया था। अर्जुन को सर्वश्रेष्ठ धनुर्धर बनाने की रणनीति में कर्ण और एकलव्य जैसे उसके सम्भावित प्रतियोगियों

की प्रतिभा नष्ट करने का उन्होंने पूरा जतन किया। अर्जुन के मुक़ाबले खड़े हुए एकलव्य का अँगूठा ही माँग लिया। वहीं बलराम ने इस बात की परवाह नहीं की कि आने वाला वक़्त पाण्डवों का है तो सजग रूप से उनके साथ रिश्ते बेहतर किये जायें। उनके लिए इतना ही काफ़ी था कि दुर्योधन में अच्छा गदा–योद्धा बनने की ललक थी और वह इसके लिए परिश्रम करता था। वे हमेशा कौरवों और पाण्डवों के बीच भाईचारा बनाने की पूरी कोशिश करते हुए दिखते हैं। बलराम ही एकमात्र व्यक्ति हैं जो द्यूत–सभा के लिए युधिष्ठिर को भी दुर्योधन के बराबर का ही दोषी ठहराते हैं।

महाभारत का युद्ध चरम पर है। कौरव खेमे के सारे महारथी मारे जा चुके हैं। अब अकेला दुर्योधन बचा है। कृष्ण की वजह से दुर्योधन की जंघा वज्र जैसी नहीं बन पायी थी और उसके शरीर के एकमात्र इस हिस्से को ही ख़तरा था। ऐसे में शकुनि बलराम को सन्देश भेजते हैं कि हमारे साथ छल हो रहा है। बलराम कृष्ण से कहते हैं कि धर्म की स्थापना अधर्म से होगी तो समय के पन्नों पर यह दर्ज होगा और भविष्य में तुम सवालों और आलोचना के घेरे में रहोगे। तुम्हारी पक्षधरता ही तुम्हारे विपक्ष का काम करेगी। युद्ध में धर्म की स्थापना के लिए अधर्म का सहारा लेकर तुम ग़लत कर रहे हो। शेषनाग के अवतार के रूप में मैं तुम्हारा सेवक हूँ। लेकिन मनुष्य रूप में रावण ने अपना काम किया तो राम ने भी अपना काम किया। भीष्म से लेकर अन्य योद्धाओं की हत्या की याद दिलाते हुए बलराम कृष्ण से अनुरोध करते हैं कि कुरुक्षेत्र के मैदान में वे पाण्डवों के प्रति अपनी पक्षधरता त्याग दें और दोनों पक्षों को नियमों के साथ युद्ध करने दें।

कृष्ण बलराम से उनकी बात मानने का वादा करते हैं। इसलिए दुर्योधन और भीम के अन्तिम गदा युद्ध में बलराम निर्णायक बनने का फ़ैसला करते हैं। निर्णायक के रूप में वो दोनों पक्षों को स्वीकार्य भी थे। गदा–युद्ध के नियमानुसार कमर के नीचे वार नहीं किया जा सकता है। इसलिए दुर्योधन अपनी कमज़ोर जंघा को लेकर निश्चिन्त था।

जब युद्ध शुरू होता है तो दुर्योधन भीम पर हावी हो जाता है। एकबारगी तो लगता है कि दुर्योधन के हाथों भीम की मौत तय है। तभी कृष्ण अर्जुन को इशारा करते हैं कि भ्राता भीम को उनकी प्रतिज्ञा याद दिलाओ कि दुर्योधन की जंघा तोड़नी है। नियमों के ख़िलाफ़ होने के कारण अर्जुन ऐसा करने से इनकार कर देते हैं। फिर कृष्ण ही भीम को जंघा पर वार करने का इशारा करते हैं। यह अधर्म देख बलराम नाराज़ होकर चले जाते हैं। उसी वक़्त वे कहते हैं कि भीम जैसे शिष्य के लिए हमेशा शर्मिन्दा रहेंगे।

बलराम महाभारत का युद्ध ख़त्म होने के बाद किसी भी उत्सव में हिस्सा नहीं लेते हैं। एकमात्र बलराम ही नायकत्व के असल गुणों से भरे चरित्र के रूप में दिखते हैं। उनकी शान्तिपसन्द छवि महाभारत जैसे सामन्ती समाज के लिए किसी काम की नहीं थी।

कृष्ण और बलराम की जोड़ी को एक आदर्श रूप माना गया है। कृष्ण अवतार हैं विष्णु के तो बलराम शेषनाग के। लेकिन दोनों का परिप्रेक्ष्य अलग है। पक्षधरता व नीति–अनीति के सवाल पर दोनों आमने–सामने हो जाते हैं। महाभारत में बलराम का बहुत ज़्यादा वर्णन नहीं किया गया है। उनकी निष्पक्षता उन पर युद्ध का रोमांच नहीं चढ़ने देती है। इसलिए वे महाभारत की पूरी पटकथा से बेदखल से दिखते हैं। महाभारत के समय से युद्ध का जो महिमामण्डन किया जा रहा था उसमें बलराम महात्मा गाँधी की तरह अहिंसात्मक हस्तक्षेप कर रहे थे। प्राचीन भारत के इतिहास के पन्नों को पलटेंगे तो बलराम के अस्त्र को हल और मूसल के साथ दिखाया गया है। ये दोनों अस्त्र खेती से यानी जीवन के उपहार से जुड़े हुए हैं। युद्ध विरोधी बलराम कुरुक्षेत्र नहीं बल्कि भारत के खेत से जुड़ कर हलधर बन जाते हैं।

आज भी देश के कई हिस्सों में बलराम पालक की भूमिका में पूजे जाते हैं। शेषनाग धरती को धारण करते हैं। वे धरती की उर्वरता, जीव–जन्तु और उनके पालन–पोषण से जुड़े हैं। यही काम विष्णु का भी है। ब्रह्मा जीवन देने वाले हैं। यहाँ पालक की भूमिका बलराम

में दिखायी देती है। हल और मूसल उनका प्रतीक है जो हथियार बन जाता है। खेती–किसानी में यह तत्त्व आज तक बना हुआ है। भारत के कई हिस्सों के कृषक समुदाय में बलराम सबसे पूज्य हैं। वे खेती–किसानी के मुहावरों, लोककथा और लोकगीतों में बसे हुए हैं।

बलराम को पूजने वाला किसान वह वर्ग है जो आज भी सत्ता का पक्षधर नहीं। वह अपना कर्म करते हुए निष्पक्ष बना रहता है। मानो वहीं पर उसका परम सन्तोष है। जो ज़िम्मेदारी मिली है, बस पूरी ताक़त और ईमानदारी से उसका पालन करना है। यह वर्ग नीति–अनीति, व धर्म–अधर्म के शास्त्रार्थ को ज़्यादा तवज्जो नहीं देता। किसानों का पूरा चरित्र ही निष्पक्षता वाला है।

किसानों में मेहनत करने की ताक़त के साथ गुण है जीवन से जुड़ने का। कैसे दूसरों को जीवन दें और उसका पालन करें। इसीलिए वह अन्नदाता भी कहलाता है। हमारे देश में जवान (सेना) के साथ किसान की भी जयकार की गयी है। हलधर की पूजा करने वाले देश के किसानों का असल युद्धक्षेत्र तो उसका खेत ही है। इन किसानों का सरहद के जवानों से भी नाता है। आज भी देश की सुरक्षा के लिए सबसे ज़्यादा जवान, किसानों ने ही दिये हैं। इसलिए यह वर्ग बलराम की तरह युद्ध से अलग रहकर निष्पक्षता से अपना कर्म करता है। हलधर और उसका पूजक किसान वर्ग आज भी दुनिया को सन्देश देते दिखते हैं कि वही देश सबसे मज़बूत होता है जहाँ सेना को बैरक से निकलने की कम–से–कम ज़रूरत होती है।

महाभारत में बलराम की भूमिका वैसे ही कमतर की गयी है जैसे आज के समय में युद्धोन्मादी देशों ने गुटनिरपेक्ष विचारधारा को हाशिए पर धकेला है। नीति और अनीति के संघर्ष में निष्पक्षता का कोई मूल्य नहीं होता। मूल्य तो पक्षधरता से ही तय हो सकता है। तभी युद्ध के पक्षधरों के लिए बलराम का कोई मूल्य नहीं है।

अमरत्व के अमृत पर पूरी दुनिया की सभ्यता अपने हिसाब से मन्थन कर मृत्यु से पार पाने की कोशिश करती है। लेकिन महाभारत दुनिया का ऐसा दुर्लभ काव्य ग्रन्थ है जो सभ्यता को सन्देश देता है कि अमरत्व से बड़ा अभिशाप कुछ भी नहीं है। कुरुक्षेत्र के मैदान में मृत्यु को भी एक कर्म के रूप में देखा गया है। जो आया है वह जायेगा भी, इससे ख़ुद जीवनदायक नारायण भी परे नहीं हैं। पौराणिक ग्रन्थों में मोक्ष की अवधारणा है यानी जन्म–मृत्यु के चक्र से मुक्त हो जाना। मोक्ष के विपरीत अश्वत्थामा जैसे किरदार जब अमरत्व की मणि लेकर आते हैं तो मृत्युलोक में उनके नायकत्व का क़द छोटा हो जाता है। अपने कौशल व शक्ति से लड़ने, जीतने या मरने वालों के सामने अश्वत्थामा का अमरत्व उसे एक गढ़ा हुआ नायकत्व देता है, जिसकी इतिहास में क़द्र नहीं होती है। एक सकर्मक जीवन के बाद मृत्यु कितनी सकारात्मक हो सकती है, इसी की बात करता बेबाक बोल।

अमरत्व का अभिशाप

महाभारत को मृत्यु, जीवन और नीति के महापर्व के रूप में भी देखा जाता है। यहाँ मृत्यु यानी युद्ध जीवन का पर्याय भी है। महाभारत वह महाख्यान है जिसमें पहली बार बताया गया है कि अमरत्व का कोई मूल्य नहीं है। पृथ्वी को मृत्युलोक कहा गया है। इस लोक में मृत्यु उतना ही बड़ा सच है जितना जीवन। जहाँ मृत्यु को एक कर्म की तरह देखा जाता है, वहाँ अमरत्व एक शाप बन जाता है जिसे अपने कर्मों से झेलना पड़ता है।

एक मृत्यु शारीरिक होती है तो दूसरी आध्यात्मिक। एक निश्चित समय के बाद हम ख़त्म नहीं होते हैं तो आध्यात्मिक भी नहीं हो सकते हैं। जीवन और मृत्यु के बीच अश्वत्थामा के अमरत्व को लाकर वेदव्यास ने एक ऐसा चरित्र गढ़ा जो दुनिया के पौराणिक साहित्य में दुर्लभ है। जब हम कहते हैं कि अश्वत्थामा आज भी ज़िन्दा है तो हम समय के सन्दर्भ में महाभारत की सर्वकालिकता को समझते हैं।

महाभारत में अश्वत्थामा का पूरा चरित्र समय और काल के अनुसार विकास करता है। यह शुरू से अन्त तक बदलता हुआ चरित्र है। नायकों के दो तरह के चरित्र होते हैं। एक में हम स्थिरता देखते हैं, जैसे दुर्योधन और कर्ण के चरित्र। ये दोनों जैसे पहले थे वैसे ही बाद में भी हैं। यानी परिस्थितियों का, इतिहास का, समय का, देश का, काल के बदलाव का जैसे इन पर कोई असर ही नहीं होता है। दूसरा चरित्र परिवर्तनशील होता है। जिस तरह की परिस्थितियाँ बनती हैं,

उनमें वह चरित्र नये रूप गढ़ता है। वह समय और इतिहास से प्रभावित होकर नये तरीक़े से प्रतिक्रिया देता है।

अश्वत्थामा के चरित्र में लगातार परिवर्तन दिखायी देता है। जो चरित्र सबसे मानवीय है, वह कैसे अमानवीय रूप धर लेता है, इसका वह ज्वलन्त उदाहरण है। उस तरह की अमानवीयता कर्ण में नहीं दिखायी देती, क्योंकि उसके चरित्र में निज को लेकर स्थिरता है। दुर्योधन में शुरू से ही एक स्वार्थी और अमानवीय प्रवृत्ति को दिखाया गया। अश्वत्थामा की ज़िन्दगी में ग़रीबी से लेकर अमीरी तक का विरोधाभास रहा। उसने ख़ुद को इन सबके अनुकूल ढाला। लेकिन जिस तरह उसके पिता की हत्या हुई वहाँ से उसके चरित्र में एकदम से परिवर्तन आता है। इसके बाद वह मृत्यु को ही न्याय मानता है। वह तो मौत को सज़ा के तौर पर देखता है। लेकिन इसके उलट उसे ज़िन्दगी की सज़ा मिलती है। कृष्ण उसे शाप देते हैं, तुम ज़िन्दा रहोगे और भटकते रहोगे। ज़िन्दगी भी कोई सज़ा हो सकती है यह महाभारत में पहली बार दिखाया गया है। धर्म की पुनर्स्थापना के लिए अधर्म को जायज़ बनाने के मार्ग में वह अपना जो रास्ता तय करता है उसमें उसके अमरत्व को सज़ा बना दिया जाता है।

अश्वत्थामा भी दुर्योधन का कर्ण जैसा ही प्रिय दोस्त था। लेकिन दुर्योधन ने कभी उसे कर्ण जैसी अहमियत नहीं दी। वह बचपन से ही दुर्योधन के साथ अपनापन महसूस करता था। राजकुमारों के गुरुकुल में पाण्डव उसे अपने पिता की वजह से आया शिष्य ही देखते थे। लेकिन दुर्योधन ने अपने जीवन का पहला दोस्त गुरुकुल में अश्वत्थामा को ही बनाया। अश्वत्थामा तो दुर्योधन की दोस्ती से सम्मोहित–सा रहता था और उसे अपना सब कुछ मानता था।

द्रुपद से द्रोण के अपमान का बदला पाण्डु पुत्र लेकर आये इसके बावजूद अश्वत्थामा उनकी ओर आकर्षित नहीं हुआ। द्रोण उस पर पाण्डवों से बेहतर रिश्ते बनाने का जितना दबाव डालते गये वह इसे पक्षपात मान अपने पिता से उतना ही दूर होता चला गया। एकलव्य का अँगूठा लेने के बाद अपने पिता और गुरु द्रोण का तीव्र

विरोध अश्वत्थामा ने ही किया। उसने अपने पिता से कहा कि आपने अर्जुन को अजेय बनाने के लिए एकलव्य से अन्याय किया।

दुर्योधन के दो दोस्त उसकी ज़िन्दगी में अहम थे जिनमें अश्वत्थामा का स्थान अनोखा है। भीष्म ने दुर्योधन को कहा था कि पाण्डु पुत्रों को पहले ही जीत का वरदान दे चुका हूँ इसलिए तुम्हें नहीं दे सकता। लेकिन तुम्हें ये वरदान देता हूँ कि मरने से पहले तुम्हारे चेहरे पर परम सन्तोष होगा। उस परम सन्तोष का कारण अश्वत्थामा था। कर्ण ने भी एक हद तक दुर्योधन के साथ धोखा किया था। पिता सूर्यदेव के आगाह करने के बावजूद उसने कवच–कुण्डल दान कर दिया। कर्ण की नज़र में दुर्योधन की जीत से ज़्यादा अहम निज की पहचान की रक्षा करना था। दानवीर होने के मान को बचाना उसके लिए ज़रूरी था वो भी तब जब दुर्योधन ने उससे कहा था कि तुम्हारा कवच ही मेरा कवच है।

सिर्फ़ कवच कुण्डल लेने से कर्ण नहीं मर सकता था। कृष्ण जानते थे कि कर्ण के पुण्य का फल ही उसका असली कवच है। कृष्ण ख़ुद ब्राह्मण बन कर उसके दान का पुण्य भी माँग लेते हैं। अपने मान की आन में कर्ण ख़ुद को निहत्था कर बैठता है। वह इनमें से कोई बात दुर्योधन को नहीं बताता है। यह भी नहीं कि वह कुन्ती का बेटा है। उसके लिए दोस्त की जीत से अहम निज की छवि थी।

अश्वत्थामा ने अपने स्व को दुर्योधन में समाहित कर लिया था। इसलिए अमरत्व का वरदान भी उसे नायकत्व नहीं दिला सका। गदा युद्ध के बाद मौत के मुँह में तड़पते हुए दुर्योधन से वह पूछता है कि मैं तुम्हारे लिए क्या कर सकता हूँ? दुर्योधन को चैन की मौत देने के लिए उसने अपने हिसाब से तो पाँचों पाण्डवों को मार दिया था। पाण्डवों के बच जाने और उनके प्रतिघात के बाद वह ब्रह्मास्त्र उत्तरा के गर्भ की तरफ़ छोड़ देता है कि मैं तुम्हारे वंश का नाश कर दूँगा।

अश्वत्थामा के खाते में क्या जमा हो रहा है? कृष्ण युद्ध शुरू होने के पहले ही अभिमन्यु को कहते हैं कि महाभारत के बाद तुम्हें

याद रखा जायेगा। यह सुन द्रौपदी डर जाती है कि इसका तात्पर्य, बाद में वह नहीं रहेगा। कृष्ण द्रौपदी को कहते हैं कि पाँच पाण्डवों के अलावा सब मर जायेंगे और इस वंश का भी नाश हो जायेगा। कृष्ण ने कुरुक्षेत्र में शस्त्र नहीं उठाने की शपथ ली थी। लेकिन वे दो बार शस्त्र उठाते हैं। एक बार भीष्म पितामह के लिए, लेकिन फिर उसे वापस ले लेते हैं। दूसरी बार अश्वत्थामा के लिए। कृष्ण को उनके वचन से डिगाने वाला भी अश्वत्थामा ही है। कुरुक्षेत्र के युद्ध में कौरवों का नाश हो गया, गान्धारी के शाप से कृष्ण का यदुवंश नष्ट हो गया। लेकिन कहा जाता है कि अश्वत्थामा आज भी ज़िन्दा है। कृष्ण ने शाप दिया कि तुम्हारा अमरत्व अभिशाप बन कर रह जायेगा। तुम मौत खोजते रह जाओगे लेकिन तुम्हें मौत मिलेगी नहीं।

आम हालात में अश्वत्थामा के सिर पर अमरत्व की मणि के साथ नायकत्व का मुकुट सजता। लेकिन वह इससे वंचित रहा क्योंकि अपने पिता के अनुसार योग्य पुत्र नहीं था। पिता ने ब्रह्मास्त्र छोड़ना तो सिखाया मगर वापस लेना नहीं सिखाया। इसलिए वह ब्रह्मास्त्र वापस नहीं बुला सका और उत्तरा के गर्भ में चला गया। कृष्ण ने भविष्यवाणी की थी कि पाण्डव कुल नहीं बचेगा। लेकिन वे ख़ुद उत्तरा के गर्भ पर हाथ रख देते हैं और ब्रह्मास्त्र से बचाते हैं। उत्तरा का बच्चा पैदा होता है लेकिन वह आठ जगह से मुड़ा हुआ होता है। पाण्डवों के वंश का नाश बाद में होता है जब तक्षक उत्तरा के पुत्र परीक्षित को डस लेता है।

अश्वत्थामा सबसे बड़ा योद्धा था मगर वह अपनी साख नहीं बना पाता है। फिर भी मित्रता की कसौटी पर सबसे मज़बूत चरित्र वही है। पिता की मृत्यु वह जाल है जहाँ से उसके लिए नीति और अनीति की विभाजन रेखा ख़त्म हो जाती है। यहीं से एक उच्च चरित्र की महत्ता की हत्या हो जाती है और वह अमानवीय रूप में उभर कर सामने आता है। इस तरह का और कोई चरित्र महाभारत में नहीं जो इतना विराट हो और उसके अन्त को अन्तहीन बना उसके नायकत्व को शून्य में विलीन कर दिया गया हो।

आज जब हम लालक़िले पर तिरंगा फहरते देखेंगे तो इस क़िले का प्राचीर वह इतिहास भी याद दिलायेगा कि भारत जैसे देश में जनतन्त्र की स्थापना कितनी मुश्किल है जहाँ सामन्ती विरासत को ढोती हुई सरकार चलती है। संविधान के काग़ज़ों पर लिखे बराबरी के सिद्धान्त को उन्हीं नेताओं की अगली पीढ़ी ने धता बता दिया जो औपनिवेशिक लड़ाई के सेनानी थे। लोकतन्त्र की पड़ताल यही है कि सत्ता किसे और कैसे मिलती है। भारत में आज भी राजा का बेटा राजा के सिद्धान्त को आँख मूँद कर स्वीकार कर लिया जाता है। राजनीति के वटवृक्ष अपने आसपास सिर्फ़ अपनी सन्तानों को फलने–फूलने का अवसर देते हैं। जिस पुत्रमोह को महाभारत की सबसे बड़ी वजह बताया गया, वह लोकतन्त्र की जड़ों में अब विषबेल की तरह लिपटी है। आज़ादी के बाद से जिस तरह सन्तान स्थापना राजनीतिक दलों का ध्येय बन गया है उसे देख लगता है कि धृतराष्ट्र तो आज भी ज़िन्दा है। लोकतन्त्र के धृतराष्ट्रों पर बेबाक बोल।

धृतराष्ट्र ज़िन्दा है

अठारह दिनों के युद्ध के बाद कुरु वंश का नाश हो गया, यदुवंश को ख़ात्मे का शाप मिल चुका और विजेता पाण्डवों के हिस्से भी मौत का मंज़र है। इन्सान के शव को देख आसमान में इतने गिद्ध उड़ रहे हैं कि हस्तिनापुर की उम्मीदों पर अँधेरा छाया हुआ है। जो देख सकते थे, इस अँधेरे में अब उन्हें भी कुछ नहीं दिख रहा।

हस्तिनापुर का वह नरेश अभी ज़िन्दा है जिसका वंश उजड़ चुका है। वह इस युद्ध के विजेता पाण्डवों से मिलना चाहता है। कहता है कि योद्धा भीम के गले लगना चाहता है। वही योद्धा जिसने दुःशासन का ख़ून पीया और छल से दुर्योधन की जंघा तोड़ी। युधिष्ठिर और अर्जुन को छोड़ भीम से गले लगने की मंशा को कृष्ण ने भाँप लिया। धृतराष्ट्र तो गोचर को नहीं देख सकते थे लेकिन नारायण अगोचर को भी देख सकते थे। हारे हुए राजा ने भीम को आलिंगन में लेकर अपनी शक्ति से उसके शरीर को चकनाचूर कर दिया और यह अहसास होते ही कि उसने भीम की हत्या कर दी है, वह फूट–फूट कर रोने लगा।

सब कुछ ख़त्म होने के बाद भी धृतराष्ट्र यह नहीं समझ पाये कि इस संहार की जड़ में उनका पुत्रमोह था। धृतराष्ट्र की शुरुआत होती है जन्मजात शारीरिक अयोग्यता के कारण भेदभाव से। नेत्रहीनता के कारण कुण्ठाजनित महत्त्वाकांक्षा उनके चरित्र को नकारात्मक बना देती है। कई जगह वे तर्क की ज़मीन पर खड़े होते हैं लेकिन फिर कुण्ठित पुत्रमोह उस ज़मीन पर भूकम्प ला देता है। एक तरफ़ तो

भीम की हत्या की कोशिश और दूसरी तरफ़ फूट–फूट कर रोना और पाण्डवों को गले लगा कर अपना लेना। धृतराष्ट्र के चरित्र का यह आरोह–अवरोह जिस बिन्दु पर जाकर टिकता है वह पुत्रमोह ही है। जो भी है, जैसा भी है मेरे बाद मेरे बेटे को ही सत्ता मिले।

इसी तरह भारत की राजनीति, वंशवाद के चक्रव्यूह को आज तक नहीं भेद पायी है। हर राजनेता की सन्तति गर्भ से ही यह सुन कर आती है कि उसके अभिभावक की संसदीय सीट उसी की होनी है। उसकी शिक्षा में राजतन्त्र का वंशवाद यानी जन्मजात अधिकार तो है लेकिन लोकतन्त्र का कर्तव्य नहीं। आख़िर हम आज के आधुनिक भारत में भी उत्तर से लेकर दक्षिण तक वंशवाद के धृतराष्ट्र आलिंगन और सामन्ती प्रवृत्ति को लोकतन्त्र का सामान्य नियम मान लेने के लिए बाध्य क्यों हो जाते हैं?

धृतराष्ट्र का पुत्रमोह सिर्फ़ सामन्ती व्यवस्था तक सीमित नहीं रहा। इसकी जड़ में पितृसत्ता ही थी। इसलिए आधुनिक पूँजीवाद में भी व्यवस्था को बनाये रखने के लिए पितृसत्ता का इस्तेमाल किया गया है। पितृसत्ता होगी तो पुत्रमोह भी होगा। दोनों में गहरा सम्बन्ध है। आधुनिक सभ्यता राजा का बेटा राजा वाली सामन्ती व्यवस्था को ही ढो रही है और आज़ादी से लेकर आज तक हर राजनीतिक दल में अपने–अपने धृतराष्ट्र वंशवाद से आलिंगनबद्ध हैं।

भारत में जनतन्त्र, राजतन्त्र के ख़िलाफ़ लड़ कर नहीं आया। यहाँ का जनतन्त्र अंग्रेज़ों के साम्राज्यवाद की मुखालफ़त का हासिल है। रोचक है कि भारतीय स्वतन्त्रता संग्राम के एक दौर में कई सामन्ती ताक़तों ने भी बहुत दूर तक उपनिवेशवाद के ख़िलाफ़ लड़ाई लड़ी। वे हमारे राष्ट्रीय नायक बने। चाहे वे बहादुरशाह ज़फ़र हों या झाँसी की रानी, तमाम राजे–रजवाड़े भी 1857 में अंग्रेज़ों से लड़े। ऐसी भी रियासतें रहीं जो अंग्रेज़ों के साथ थीं और उनके जाने के बाद अपना स्वतन्त्र अस्तित्व चाहती थीं।

1947 में भारत को आज़ादी मिली तो उसके सामने 562 से ज़्यादा आज़ाद रियासतों की समस्या थी। लॉर्ड माउण्टबेटन के

भारत स्वतन्त्रता अधिनियम के अनुसार इन रियासतों को भारत या पाकिस्तान में विलय के अलावा सम्प्रभु रहने का विकल्प भी दिया गया था। लेकिन जवाहरलाल नेहरू और अन्तरिम सरकार के उपप्रधानमन्त्री व गृह मन्त्री सरदार वल्लभ भाई पटेल समझ चुके थे कि ये रियासतें औपनिवेशिक और सामन्ती शक्तियों का औज़ार बन बग़ावत की मुश्किलें पैदा करती रहेंगी। इसलिए इन्हें भारतीय संघ में शामिल करने के 'लौह' इरादे को सरदार पटेल ने दो साल में पूरा किया। हैदराबाद, जूनागढ़ और कश्मीर जैसी रियासतें जो सम्प्रभुता की हुंकार भर रही थीं, उन्हें भी भारतीय गणराज्य में विलय को स्वीकारना पड़ा। आगे चल कर इन्दिरा गाँधी ने इन रजवाड़ों को मिल रही 'प्रिवी पर्स' की सुविधा ख़त्म कर गणतन्त्र में राजतन्त्र के प्रतीक को ख़त्म कर दिया।

आज़ादी के बाद भारतीय मानसिकता जितनी जनतान्त्रिक और आधुनिक हुई है, वह वंशवाद के ख़िलाफ़ नहीं उपनिवेशवाद के ख़िलाफ़ लड़ कर हुई है। यही वजह है कि तमाम राजे–रजवाड़े निरन्तरता में चलते रहे। इनके वंशवाद को तोड़ने की कोशिश तो नहीं हुई, अलबत्ता यह ज़रूर हुआ कि उन सामन्ती ताक़तों का सहारा लेकर सत्ता हासिल करने में सफलता प्राप्त हो गयी।

आज़ादी के बाद कांग्रेस तो वंशवाद की अमरबेल साबित हुई। लेकिन उसके विकल्प में जितने भी राष्ट्रवादी, लोहियावादी तथा समाजवादी दल खड़े हुए उनके अगुआ धृतराष्ट्रों को विरासत में अपनी सन्तानों के अलावा कुछ भी मंजूर नहीं था चाहे अयोग्य सन्तानों के कारण पार्टी ही क्यों न डूब जाये। ज़िन्दा क़ौमें पाँच साल इन्तज़ार नहीं करतीं का मन्त्रोच्चार करने वाले नेता विकल्प के नाम पर सिर्फ़ अपनी सन्तानों के जवान होने का इन्तज़ार करते रहे।

भारतीय राजनीति में वंशवाद के सवाल से मुठभेड़ किया राष्ट्रवादी विचारधारा की एक पार्टी ने, लेकिन ख़ास सन्दर्भ में। वंशवाद की परम्परा को सत्तर साल की सत्ता के ख़िलाफ़ इस्तेमाल करते हुए पहली बार नकारात्मक रूप से जनमानस के बीच लाया गया।

इसे चुनाव के मैदान में सबसे बड़ा मुद्दा बना कर उतारा गया। लेकिन राजनीति में इस सार्थक दखल को कांग्रेस और ख़ासकर नेहरू ख़ानदान तक ही सीमित रखा गया।

विकल्प का आह्वान कर कांग्रेस के ख़िलाफ़ परिवारवाद पर हमला सफल साबित हुआ और वह इसी तर्क पर ख़ारिज भी हुई। दुखद है कि कांग्रेस के ख़ारिज होने के बाद भी वंशवाद की जड़ें उतनी ही मज़बूती से जमी हुई हैं। आज भारतीय राजनीति में सबसे आम चरित्र धृतराष्ट्र है। कई दलों में नेताओं की विरासत की दूसरी से तीसरी पीढ़ी आ गयी, लेकिन परिवारवाद पर बहस का दायरा कांग्रेसी चेहरों तक सीमित कर इस मुद्दे के ज़रिये जो जनतन्त्रीकरण की प्रक्रिया होनी चाहिए थी वह नहीं हुई। एक वारिस के ख़िलाफ़ दूसरे वारिसी चेहरे को आराम से उतार दिया जाता है। बाप के बाद उसकी सन्तान को जनता के ज़रिये सत्ता हस्तान्तरित करवा दी जाती है।

दुनिया में जहाँ भी लोकतन्त्र के लिए ललक पैदा हुई उसका इतिहास बताता है कि वहाँ न सिर्फ़ राजशाही रही बल्कि एक ऐसा राजा या उसकी पीढ़ी रही जिसने अनीति और अन्याय की हद कर दी। धृतराष्ट्र के मामले में भी यही बात लागू होती है। पहले तो आप सभी बातों से अनजान होकर आँखें मूँदे रहते हैं। इन सबका केन्द्रीय भाव हो जाता है कि मेरी सन्तान ही मेरी शक्ति हासिल करे। भारतीय राजनीति में समय–समय पर ऐसे कई वटवृक्ष रहे जिन्होंने बड़े मूल्यों की आड़ में अपने छोटे स्वार्थ साध लिए। ये कभी भी हमारी लोक नीति को बड़ा नहीं होने देते। इस दुविधा में हम पहले भी थे और आज भी हैं। महाभारत में अश्वत्थामा को मौत नहीं दी गयी और उसे आज तक ज़िन्दा माना जाता है। मगर भारतीय राजनीति में वंशवाद के वर्चस्व से लगता है कि महाभारत का अमर चरित्र तो धृतराष्ट्र है। वही जो महाभारत काल में मरा हाड़–मांस का इन्सान था। लेकिन सन्तान मोह की जिस अन्ध मानसिकता का वह द्योतक है उस रूप में वह कभी मरा ही नहीं। धृतराष्ट्र ज़िन्दा है।

सीमेंट से बना जगमगाता चौकूचा राजमार्ग आपको उस कुरुक्षेत्र में ले जायेगा जो कृष्ण के युद्धनायक बनने का प्रतीक है। हरियाणा सरकार करोड़ों रुपये ख़र्च कर भी कृष्ण भक्तों का कारवाँ सत्ता की इस सड़क पर नहीं ला सकी है। यहाँ की भव्यता सरकारी प्रयोजन भर सिद्ध होती है जिसमें लोक का उमंग नहीं है। दुनिया भर से विदेशी जब कृष्ण की छवि से आकर्षित होकर आते हैं तो इस सुनहरे राजमार्ग से दूर मथुरा और वृन्दावन की तंग गलियों के लोकमार्ग पर ही चलना चाहते हैं। उन्हें अपने भगवान यमुना के उसी पनघट पर मिलते हैं जहाँ वे राधा के मनोहर श्याम के रूप में बाँसुरी बजाते हैं, गोकुल की गलियों में यशोदा मैया को खिझाते हैं। सरकार ख़ज़ाना खोल कर भी 'गीता महोत्सव' को ब्रज की उस होली सा लोकप्रिय नहीं बना पायी है, जहाँ गोपियाँ अपने कान्हा को लट्ठ मार प्रेम का ख़ज़ाना लूटती हैं। कृष्ण के लोक रूप की परम्परा पर बेबाक बोल।

कहाँ हो कृष्ण

मन्नै ले ले रे, सपेरे तू मन्नै ले ले रे/म्हारा जोड़ा जच ग्या ए/ किरसन की बचा ली ज्यान, ठोसा ले ले रे, ठोसा ले ले रे/ म्हारे किरसन की बच गी ज्यान। राधा तू बड़ी छलिहारी रे/ धोक्खे तै काट गयी कान।

यह हरियाणवी लोकगीत उस कृष्ण के बारे में है जो महाभारत के नायक हैं, जिन्होंने कुरुक्षेत्र के मैदान में गीता का उपदेश दिया। महाभारत का आध्यात्मिक हासिल गीता को माना जाता है। पर गीता का ज्ञान देने वाले कृष्ण लोक में किस रूप में देखे जाते हैं? ऊपर के गीत में दुनिया चलाने वाले की जान बचाने के लिए सखी राधा सपेरे को छलती है। कृष्ण को साँप ने काटा है और उन्हें सपेरा ही बचा सकता है। राधा उससे कहती है कि कृष्ण की जान बचा लो तो मैं तेरी हो जाऊँगी। सपेरा लालच में कृष्ण को ठीक करता है और उनके होश में आते ही राधा उसे अँगूठा दिखा अपने कृष्ण के साथ चली जाती है।

ऐतिहासिक सन्दर्भों में हरियाणा के जिस कुरुक्षेत्र के मैदान में गीता का उपदेश दिया गया है वहाँ कृष्ण दही बिलोती, माखन निकालती यशोदा मैया और हँसी–ठिठोली, छेड़खानी करती राधा के गीत के रूप में हैं। आधुनिक कुरुक्षेत्र की सड़कों पर सरकार ने तो कृष्ण का युद्ध का सन्देश देती आसमान छूती प्रतिमाएँ लगवा दी हैं, लेकिन वहाँ के आम घरों में घुटने के बल चलते लड्डू गोपाल ही पूजे जाते हैं। देश के लगभग नब्बे फ़ीसद मन्दिरों के गर्भ गृह में कृष्ण की

वही मूर्ति पूजी जाती है जहाँ वे राधा के साथ बाँसुरी बजा रहे हैं। महाभारत ने कृष्ण दिया तो लोक ने उनके प्रेम में अपनी राधा गढ़ी। राधा मूल रूप में महाभारत का हिस्सा नहीं हैं। वह लोक से उपजती हैं और प्रेममार्ग में सँवरती हैं। डॉक्टर ग्रियर्सन राधा और कृष्ण के प्रेम को जीवात्मा और परमात्मा के मिलन के रूप में देखते हैं।

ऐतिहासिक सन्दर्भ में देखें तो महाभारत उस दौर का है जब सामन्ती संरचना मज़बूत हो रही थी। पितृसत्ता और जाति व्यवस्था ये दो सामन्ती सामाजिक रचना की बुनियाद हैं। इन्हें मज़बूत करने के लिए श्रीमद्भगवद्गीता की दार्शनिक पृष्ठभूमि तैयार होती है। महाभारत के ज़रिये ऐसे शास्त्र को गढ़ा गया है जो मात्र धर्म का नहीं है। यह राजनीति और समाज का शास्त्र है। रामायण की कथावस्तु में शम्बूक का वध है तो महाभारत में एकलव्य और कर्ण हैं। वर्ण धर्म के अनुसार श्रम विभाजन और पितृसत्ता के लिए दार्शनिक आधार तैयार होता है। आत्मा–परमात्मा का सम्बन्ध यानी पुनर्जन्म, मोक्ष की अवधारणा के बिना सामन्ती व्यवस्था टिक नहीं सकती है। उसके लिए जो दार्शनिक पृष्ठभूमि को आधार बनाने की बात है, महाभारत के कृष्ण उस रूप में हैं।

वहीं लोक की बात करें तो कृष्ण बहुरूप में परम्परा हैं। भक्ति आन्दोलन के पहले गीत गोविन्द की परम्परा है जो उसी लोक परम्परा से आती हुई दिखायी देती है। उसी परम्परा में सूरदास तो मिथिला में विद्यापति भी हैं। रीतिकाल में भी राधा और कृष्ण दिखायी देते हैं।

कृष्ण के इन सभी रूपों में समय और काल का अन्तर है। जैसे–जैसे सामन्ती संरचना के अन्दर लोक का तन्त्र बनने लगता है तो इसके सन्दर्भ भी बदलते हैं। भारत में इस्लाम के आने के बाद यहाँ की सामाजिक और आर्थिक संरचना में परिवर्तन आया। इससे लौकिक तबके में अध्यात्म को लेकर नया सन्दर्भ उभरा जिसे हम भक्ति कहते हैं। इसमें कर्मकाण्ड से ख़ुद को मुक्त कर भगवान से भावनात्मक रिश्ता–सा बनता है। बिहार के मिथिला क्षेत्र में कृष्ण को

परिवार के सदस्य की तरह देखा गया है। विद्यापति के कृष्ण किसान के बेटे जैसे हैं। अन्य जगहों पर भी लोक में कृष्ण को पनघट के साथ जोड़ा गया है। लोक रंग में पनघट को प्रेम के प्रतीक के रूप में भी देखा जाता है जहाँ स्त्री और पुरुष का प्रेम सार्वजनिकता में स्वीकार्य है। कृष्ण पनघट पर इन्तज़ार कर रहे हैं लेकिन राधा आ नहीं रही है, अपने महल में बैठी है। वे उसे आने के लिए सन्देश भेजते हैं। राधा भी मान दिखाती है। ऐसा नहीं है कि कृष्ण ने मुरली बजायी और वो भागी आयी। राधा और कृष्ण का प्रेम सामान्य मनुष्य सा है।

सूरदास से लेकर मीरा तक के यहाँ हम कृष्ण के दूसरे रूप को देखते हैं। सूरदास 'भ्रमरगीत' में उद्धव और गोपियों के ज़रिये ज्ञानमार्गियों पर ताना मारते हैं। ब्रज की साधारण गोपियाँ ज्ञानी उद्धव को उस कृष्ण का महत्त्व बताती हैं जो ब्रह्म नहीं उनका ही हिस्सा है। ब्रज और मथुरा के बरअक्स गाँव और नगर की तुलना की गयी है। गोपियों को गाँव के कृष्ण ही चाहिए मथुरा वाले ज्ञानी नहीं। वहीं मीरा के कृष्ण आध्यात्मिक लीला करते हैं। मीरा उनसे आत्मिक रिश्ता जोड़ती है।

कृष्ण भक्ति की लोक परम्परा में सगुण और निर्गुण की बहस है। निर्गुण तो तत्त्वमीमांसा में है, पर तात्विक विवेचन, विश्लेषण वही कर सकता है जिसमें योग्यता और क्षमता होगी। लेकिन सामान्य मनुष्य भगवान से कैसे रिश्ता जोड़े? वह भावनात्मक स्तर पर ही जोड़ता है। सुदामा के ज़रिये दरिद्र को भी नारायण का दर्जा दिया जाता है। राधा, सुदामा, मीरा ये सभी सामान्य स्त्री–पुरुष के भगवान से भावनात्मक रिश्ते के प्रतीक हैं।

ब्राह्मण धर्म के लोक विस्तार का ज़रिया शास्त्रीय रूप में रामायण, महाभारत हैं। वहीं वैष्णव सम्प्रदाय ने कृष्ण के लोक रूप के ज़रिये अलग–अलग रूपों में विस्तार पाया। रीतिकाल में ख़ास कर 17वीं से 18वीं सदी में जहाँ सामन्ती संरचना फिर से मज़बूत होती दिखायी देती है, वहाँ कृष्ण और राधा का लोक लीला वाला रूप

ख़त्म हो जाता है। अब आभिजात्य नायक–नायिका का खिलन्दड़ रूप उभरता है।

कृष्ण की व्याप्ति शास्त्र और लोक दोनों रूपों में दिखायी देती है। यह एक पूरी परम्परा और इतिहास है जहाँ वे अलग–अलग रूपों में दिखते हैं। इसमें समय और काल की भूमिका अहम है और कोई भी तुलनात्मक अध्ययन इसके बिना नहीं हो सकता है। लेकिन आज के लोकतान्त्रिक समय में कृष्ण के लौकिक सम्बन्ध वाला रूप ही प्रिय है। लौकिकता में, रिश्तों के ज़रिये जो प्रेम का, भक्ति का सम्बन्ध है वह आज भी खोजा जा रहा है। मित्रता के रिश्ते में सुदामा हो या प्रेम के रिश्ते में राधा और गोपियों जैसा सखा भाव वाला खुलापन हो या फिर एक बेटे के रूप में यशोदा माँ जैसा रिश्ता हो। कृष्ण परम्परा की वो कड़ी हैं जो समय और काल के परे हैं। वे हर खण्ड में लोक के प्रिय हो जाते हैं।

कृष्ण के युद्धनायक वाले शासकीय और राजकीय रूप को आधुनिक सरकारों ने जितना भी भुनाने की कोशिश की हो लेकिन आज भी लोक के लिए कृष्ण का मतलब जुड़वाँ शहर मथुरा और वृन्दावन ही हैं। भगवान की बाल लीलाओं और राधा के प्रेम से जुड़े मन्दिरों में भक्तों की टोली सँभालना उत्तर प्रदेश सरकार के लिए चुनौती बनी रहती है। बाँके बिहारी जी का मन्दिर, गरुड़ गोविन्द, राधावल्लभ लाल, श्री राधारमण, राधा दामोदर, राधा श्याम सुन्दर, गोपीनाथ, गोकुलेश, कृष्ण बलराम मन्दिर, पागलबाबा का मन्दिर, रंगनाथ जी का मन्दिर, प्रेम मन्दिर, श्री कृष्ण प्रणामी मन्दिर ही कृष्ण भक्ति की विरासत हैं जहाँ कृष्ण ने लोकमंगलकारी बाँसुरी बजाई।

दूसरी ओर हरियाणा सरकार कृष्ण के युद्धनायक रूप के प्रचार के लिए 'गीता महोत्सव' पर करोड़ों रुपये ख़र्च कर मेला लगाती है। पर लोकप्रिय फ़िल्मी सितारों से लेकर कई ताम–झाम के बावजूद यह लोक से दूर सरकारी आयोजन ही रह जाता है। यहाँ लोग खेती के लिए आये नये ट्रैक्टर और जैविक खाद के मण्डप घूम आते हैं या पाँच लीटर कच्ची घानी सरसों का तेल ख़रीद लेते हैं।

कुरुक्षेत्र और मथुरा का अन्तर बताता है कि लोक के मन में कृष्ण का मनोहारी रूप ही है। वहाँ के हर मन्दिर में भक्तों का प्रेम टूटता है। चैतन्य महाप्रभु सहित कई सन्तों ने कृष्ण की भक्ति में लीन होने के लिए मथुरा–वृन्दावन को चुना था। कृष्ण के राजा के रूप वाली द्वारिका हो या युद्ध के नायक के रूप में स्थापित होने वाला कुरुक्षेत्र इसे छोड़ कृष्ण भक्त वहीं दौड़ते हैं जहाँ यशोदा, नन्द, बलराम और राधा के मनोहर श्याम हैं।

किसी भी जटिल समय में ख़ास तरह की पक्षधरता की ज़रूरत पड़ती है। हर कालखण्ड उम्मीद करता है कि उसमें बदलाव की लकीर खींचने वाला कोई आये। उस काल में खींची गयी लकीर के फकीर बन जाने वालों को आगे का समय स्थिर भाव से ही देखता है। युधिष्ठिर महाभारत के ऐसे पात्र हैं जो तात्कालिक आदर पाने के बाद भी नायक के रूप में धुँधले दिखते हैं। आज की मौजूदा राजनीति में इस तरह का स्थिर भाव काम नहीं करेगा क्योंकि कुछ चीज़ों को आप बहुत बदल नहीं पायेंगे। पूरी महाभारत में युधिष्ठिर का कोई संवाद या क़दम वक़्त का रुख़ मोड़ता हुआ दिखायी नहीं देता है। आधुनिक भारत में क़ानून की देवी की दोनों आँखें बन्द हैं तो धर्मराज युधिष्ठिर की सिर्फ़ एक आँख बन्द है। पाण्डवों के अधर्म को वे नहीं देखते और कौरवों के कन्धों पर धर्म की स्थापना का सारा बोझ डाल देते हैं। धर्म का इस्तेमाल कर अपना राज स्थापित करने वाले युधिष्ठिर पर बेबाक बोल।

धर्म की धुन्ध

यक्ष, जोकि स्वयं थे यमराज/अपने गूढ़तम, जटिल/प्रश्नों की बाण–वर्षा को/एक–एक कर/निष्फल होते देखकर भी/क्रुद्ध होने की जगह/हुए पुलकित/क्योंकि अपने पुत्र की/वे ले रहे परीक्षा थे कठिनतम

कवि रमाकान्त शर्मा उद्भ्रान्त की काव्य रचना 'अभिनव पाण्डव' की इन पंक्तियों को पढ़ विचार कौंधा था कि क्या महाभारत के चरित्रों का पाठ आधुनिक भाव बोध से किया जा सकता है? उत्तर सत्य के इस युग में यक्ष–प्रश्न को किस तरह से देखा जाये? युधिष्ठिर की पहचान यक्ष–प्रश्न से है। सिर्फ़ युधिष्ठिर ही यक्ष के प्रश्नों के उत्तर दे उसे सन्तुष्ट कर पाये थे। आज सवाल यह भी उठता है कि क्या किसी सवाल का कोई एक जवाब हो सकता है? जब हर प्रश्न जाति, जेंडर व अन्य पहचानों पर प्रति प्रश्न से जूझता है, उत्तर के कई केन्द्र बनाता है तो युधिष्ठिर की सन्तुष्ट करने वाली छवि को कैसे देखेंगे?

युधिष्ठिर के सन्तुष्टीकरण को आज की राजनीति में तुष्टीकरण नाम दिया गया है। भारत में राजनीतिशास्त्र को सबसे ज़्यादा प्रभावित करने वाला काव्य ग्रन्थ है महाभारत। आज की राजनीति युधिष्ठिर की सबसे बड़ी देन है। सत्यनिष्ठ बने रहते हुए समय, सुविधा और अपनी आवश्यकता के मुताबिक़ धर्म को कैसे ढालना है, ऐसे हर यक्ष–प्रश्न का जवाब युधिष्ठिर के पास खोजा जा सकता है।

युधिष्ठिर अगर धर्म के संस्थापक हैं तो द्रौपदी उसी धर्म की सबसे बड़ी पीड़ित। यक्ष के सवालों के त्वरित उत्तर देने वाले युधिष्ठिर द्यूत–सभा में द्रौपदी के सवालों पर निरुत्तर थे। द्रौपदी अपने पदार्पण के साथ ही युधिष्ठिर के लिए सबसे बड़ी परीक्षा थी जिसमें वे नाकाम साबित होते रहे। स्वयंवर में द्रौपदी के योग्य अर्जुन घोषित हुआ और कुन्ती ने अनजाने में उसे पाँचों भाइयों में बाँट लेने को कहा तो धर्मराज का क्या कर्तव्य था? कुन्ती ने अपनी ग़लती मानते हुए कहा भी कि द्रौपदी कोई अनाज नहीं है जो बाँटी जाये, इसलिए मैं अपनी बात वापस लेती हूँ। कुन्ती के पीछे हटने के बाद युधिष्ठिर उस अन्यायी आदेश को धर्म की तुला पर सन्तुलित क्यों करने लगे? उस वक़्त उन्होंने धर्म की नयी व्याख्या क्यों नहीं बनायी?

द्रौपदी के लिए धर्म की नयी व्यवस्था बनाने के बजाय युधिष्ठिर धर्म के पीले पड़ चुके पन्नों से उस ऋषि के उदाहरण खोज लाये जिनकी पत्नी ने बहुपति की व्यवस्था अपनायी थी। इतिहास की ग़लतियों को सुधारने के बजाय उन्होंने अपनी सुविधानुसार उसे गतिशील बना दिया। यह वह समय था जब बहुपति की क़बीलाई प्रथा ख़ात्मे के कगार पर थी और कुलीन समाज में पति का बड़ा भाई स्त्री के अभिभावक के समान होता था। लेकिन अभिभावक के रूप में खड़े युधिष्ठिर की दी व्यवस्था के अनुसार द्रौपदी सबसे पहले उनकी ही पत्नी बनी।

युधिष्ठिर ने धर्म स्थापना के नाम पर दो स्त्रियों के साथ अन्याय किया। द्रौपदी तो विडम्बनाओं का शिकार हुई ही, साथ ही इसका सारा दोष कुन्ती के 'आदेश' पर आ गया। ज़ोर इसी बात पर है कि माँ के मुँह से निकली बात को न मानना अधर्म हो जायेगा। ये वही पुत्र हैं जिन्हें इतिहास अपनी माँ को शाप देने के लिए जानता है। महाभारत के अन्त में जब युधिष्ठिर को पता चलता है कि कर्ण उनका भाई था तो वे कुन्ती को शाप देते हैं कि आगे से स्त्रियों के पेट में कोई बात नहीं पचेगी। जब उनका धर्मराज का मुकुट हिलने लगता है तो वे अपनी माँ को शाप देकर

समाज को घोर स्त्री–विरोधी एक मुहावरा हमेशा के लिए दे देते हैं कि स्त्रियों के पास कोई राज़ सुरक्षित नहीं रह सकता। स्त्रियों को ऐसे अवसरवादी धर्म से आज तक छुटकारा नहीं मिल पाया और राज–समाज में उन्हें पीछे धकेलने के लिए आधुनिक समय में भी कई धर्मराज खड़े हो जाते हैं।

युधिष्ठिर के धर्म की दूसरी बड़ी परीक्षा थी द्यूत–सभा। सामन्ती समाज का नियम था कि जैसे युद्ध का आह्वान स्वीकार करना पड़ता है वैसे ही द्यूत–क्रीड़ा के निमन्त्रण को नकारा नहीं जाता। युधिष्ठिर इस कुप्रथा को बदल सकते थे। वे उदाहरणों के ढेर लगा सकते थे कि यह मानवता के ख़िलाफ़ हैं। लेकिन उनके ख़ामोश धर्म के कारण ढेर लगे तो द्रौपदी के वस्त्र। युधिष्ठिर के इस क़दम को उसी काल में अधर्म घोषित करते हैं कृष्ण के दाऊ बलराम। बलराम राजनीति और समाज में शुचिता के पक्षधर थे। द्वारिका में छोटे दंगलों में स्त्रियों को दाँव पर लगा दिया जाता था। बलराम ने युधिष्ठिर का उदाहरण देते हुए कहा कि स्त्रियों को दाँव पर लगाने की प्रवृत्ति सभ्य समाज का निर्माण नहीं कर सकती है। युधिष्ठिर का किया अधर्म आने वाली कई पीढ़ियों के कलंक का कारण बनेगा। इसलिए इस प्रथा को मैं आज से ख़त्म करता हूँ। राज्य पत्नी को दाँव पर लगाने का अधिकार नहीं देगा। युधिष्ठिर सामन्ती जड़ धर्म को सुरक्षित रखना चाह रहे थे तो बलराम उसकी जड़ता को ख़त्म कर समाज को नयी राह दिखा रहे थे।

यक्ष को निरुत्तर करने वाले युधिष्ठिर के पास द्रौपदी के प्रश्नों के उत्तर नहीं थे, जो पूछ रही थी कि आपने द्यूत–सभा का निमन्त्रण क्यों स्वीकार किया? आपको अपने चारों भाइयों को दाँव पर लगाने का अधिकार किसने दिया? एक हारा हुआ व्यक्ति अपनी पत्नी को दाँव पर कैसे लगा सकता है वह भी तब जब वो अकेली आपकी नहीं पाँच की पत्नी है। युधिष्ठिर के चारों भाइयों के साथ खुद के दाँव पर लगाने और हार जाने की ख़बर सुन द्रौपदी ने भरी सभा में उन्हें जासवन्त (गुड़हल) के फूल के साथ अपना सन्देश भिजवाया। द्रौपदी ने कहलवाया कि

जासवन्त के फूल में पाँच पंखुड़ियाँ एक डण्डी से जुड़ी होती हैं। आप अगर उस डण्डी को तोड़ देंगे तो पाँचों पंखुड़ियाँ बिखर जायेंगी और फूल का अस्तित्व ख़त्म हो जायेगा। लेकिन युधिष्ठिर ने उस द्यूत–धर्म की रक्षा के लिए द्रौपदी को भी दाँव पर लगा दिया जो आज सभ्य समाज में भी न जाने कितने घर–परिवारों को तोड़ रहा है। युधिष्ठिर जुए जैसी कुप्रथा को आगे बढ़ाने के प्रतिनिधि हैं।

युधिष्ठिर ने विजय हासिल करने के लिए उस गुरु को भी धोखा दिया जिन्होंने युद्ध धर्म का पाठ पढ़ाया था। वह झूठ की आवाज़ ऊँची कर सच की धीमे सुर में हत्या करने के लिए मान गये। गुरु द्रोण को अपने वरदान से ज़्यादा युधिष्ठिर पर भरोसा था। उन्होंने कहा कि युधिष्ठिर के मुँह से सुनने के बाद ही अमर अश्वत्थामा की मृत्यु की बात को सच मानेंगे। उन्हें यक़ीन था कि युधिष्ठिर झूठ नहीं बोलेंगे। लेकिन युधिष्ठिर ने अपने 'ऊँचे असत्य' से अपने गुरु के प्राण हर लिए और दावा धर्म की पुनर्स्थापना का किया।

द्रौपदी से लेकर द्रोण तक के भरोसे को तोड़ने वाले युधिष्ठिर स्वर्ग की राह पर भी धर्म का स्वार्थी रूप रखते हैं। जिन भाइयों और पत्नी को वे दाँव पर लगा धर्म की स्थापना करते हैं उनकी जगह एक कुत्ते को चुनते हैं। धर्मराज की आपत्ति के बाद भी वे पीछे गिरे हुए इन्सान को छोड़ श्वान को लेकर अड़ते हैं कि यह तो मेरे साथ जायेगा ही। क्या धर्म की रक्षा में भीम और अर्जुन जैसे वीर भाइयों का कोई योगदान नहीं था? अधर्मियों का अन्त तो भीम और अर्जुन ने किया। वे अपने भाइयों से यह न कह सके कि युद्ध में दुश्मन को धोखे से मारना अधर्म है। उनकी आँख मूँदने और ज़ोर से झूठ बोल कर सच को दबा लेने की नीति आज भी सबसे बड़ी रणनीति है। आज नायकत्व के मंच से जब गर्वीली आवाज़ में कहा जाता है कि युद्ध और प्रेम में सब कुछ जायज़ है तो पाँच पतियों में बँटती द्रौपदी और ज़िन्दा बेटे के ग़म में मारे जाने वाले द्रोण याद आते हैं।

किसी किरदार में ऐतिहासिक चमक तभी होती है जब उसमें ख़ास तरह की तार्किक पक्षधरता दिखे। महाभारत का वही किरदार दमदार है जो अपने कर्मों के लिए बुलन्द तर्क गढ़ता है। युधिष्ठिर स्थिरता और समन्वयता में धुँधले पड़ जाते हैं। उन्होंने तात्कालिक आदर अवश्य पाया लेकिन भविष्य में उनके हिस्से भव्यता नहीं आती है। वे कहीं भी चमत्कृत नहीं करते हैं क्योंकि वे कोई बदलाव लाते नहीं दिखते हैं।

महाभारत में नायकत्व के कई केन्द्र हैं जिनमें बल और विवेक को लेकर टकराहट चलती है। मनुष्यता की कहानी में बल की ऊर्जा का सांस्कृतिक और आध्यात्मिक आख्यान तो है ही वैज्ञानिक तथ्य भी है। लेकिन बल एक सभ्यतागत मूल्य तभी बन सकता है जब उसका सारथी विवेक हो। महाभारत के नायक से लेकर खलनायक तक प्रतिज्ञाबद्ध हैं। अपनी जड़ प्रतिज्ञा के कारण ये भविष्य की गतिशीलता के बाधक बन जाते हैं। एक ख़ास कोने में ली गयी प्रतिज्ञा दूसरे कोने में जाकर असत्य के प्रति आग्रही भी बना सकती है। बर्बरीक हारने वालों के पक्ष में लड़ने की प्रतिज्ञा के साथ कुरुक्षेत्र के मैदान की ओर बढ़ते हैं तो उन्हें रोकने के लिए खुद हरि को आना पड़ता है। युद्धभूमि से अलग होकर ही बर्बरीक को ब्रह्म का बोध होता है और वे यह समझ पाते हैं कि हारने वालों के साथ भी हरि हैं। 'हारे को हरिनाम' में छुपे इसी अक्षरी ज्ञान पर बर्बरीक को आज के समय में तौलता बेबाक बोल।

बर्बरीक बोध

'हारे को हरिनाम'—रामधारी सिंह दिनकर का यह काव्य संग्रह मनुष्यता की उस विराटता की बात करता है जहाँ सच को स्वीकार करना भी ओजस्विता के खाते में जाता है। 'हारे को हरिनाम' एक मुहावरा बन गया है विजयी पक्ष के ख़िलाफ़ उठी आवाज़ को प्रभु का आश्रयी बनाने का। लेकिन जब हम दिनकर के इस काव्य संग्रह को पढ़ेंगे तो हार और जीत के बीच की उस परम सत्ता को भी महसूस करेंगे जो युद्ध के मैदान में दोनों तरफ़ है। हारे हुए पक्ष का समर्पण किस तरफ़ हुआ है? दिनकर हारे हुए मन में मनुष्य की विराटता खोजते हैं। दिनकर सवाल करते हैं, 'किन्तु पराजित मनुष्य और किसका नाम ले?' ओजस्वी अक्षरों के सर्जक हारे हुए पक्ष को ब्रह्म के साथ जोड़ते हैं। महाभारत का संग्राम भी कुछ ऐसा ही था, जहाँ हार और जीत कोई स्पष्ट दिखने वाले मूल्य नहीं थे। हार के पक्ष को भी हरि से जोड़ने वाला किरदार है बर्बरीक। पूरे युद्ध को अपनी तरफ़ मोड़ने की ताक़त रखने पर भी वे कृष्ण के प्रति सहज और सरल कैसे हो जाते हैं?

बर्बरीक महाभारत के उन दुर्लभ किरदारों में से हैं जिनकी लोक में पूजा होती है। वे भीम के पुत्र घटोत्कच और मौवती के पुत्र थे। बाल्यकाल में ही अपनी शिवभक्ति और वीरता के लिए विख्यात हुए। भगवान शिव ने उनकी भक्ति से प्रसन्न होकर वरदान में तीन बाण दिये। एक बाण सारे दुश्मनों को एक साथ चिह्नित कर सकता था, दूसरा उन सभी चिह्नित दुश्मनों का वध कर सकता था और तीसरा

बाण सारी सृष्टि का विनाश कर सकता था। युद्ध में सभी वीर भाग ले रहे थे। बर्बरीक ने भी युद्ध में हिस्सा लेने के लिए अपनी माँ से इजाज़त माँगी। माँ ने कहा कि बेटा हमेशा हारने वाले पक्ष के साथ ही खड़े होकर लड़ना।

बर्बरीक हारे हुए का साथ देने की प्रतिज्ञा के साथ चल पड़े। कृष्ण उनकी इस प्रतिज्ञा के बारे में जान कर चिन्तित हो उठे क्योंकि इस तरह तो युद्ध कभी ख़त्म ही नहीं होगा क्योंकि निर्णायक क्षण तभी आ सकता है जब कोई हारेगा। अपने वरदान वाले बाणों के साथ बर्बरीक़ हारने वाले की तरफ़ हो जायेगा तो फिर यह अनन्त हो जायेगा। इसलिए बर्बरीक को युद्ध लड़ने से रोकना ज़रूरी था। कृष्ण ने ब्राह्मण का वेश धर बर्बरीक से कहा कि युद्धभूमि की पूजा के लिए उन्हें किसी महाबलि का शीश चाहिए, इसलिए वह अपना शीश दान कर दे। बर्बरीक ने कृष्ण से वरदान माँगा कि शीशदान के बाद भी वह महाभारत का युद्ध देख सके। कृष्ण ने बर्बरीक के कटे हुए सिर को एक पहाड़ी पर स्थापित कर दिया और वह अन्त तक वीरता का हुंकार भरते हुए युद्ध देखता रहा।

युद्ध ख़त्म होने के बाद पाण्डव जानना चाहते थे कि इस युद्ध का नायक कौन है? कृष्ण ने कहा कि यह बर्बरीक का शीश ही तय कर सकता है जो निष्पक्ष रूप से युद्ध देख रहा था। बर्बरीक रणभूमि से अलग होकर युद्ध के अध्येता बन चुके थे। वे धर्म का मर्म समझ चुके थे। उन्होंने कृष्ण को युद्ध का नायक घोषित किया क्योंकि पूरे युद्ध को और कोई नहीं, हरि ही दिशा दे रहे थे।

महाभारत में नायकत्व के कई केन्द्र हैं। एक वो जिन्हें नायक बनाया जाना था जैसे अर्जुन। दूसरे वे जो नायकत्व के गढ़न में पक्षपात का शिकार हुए और प्रतिनायक बन गये जैसे दुर्योधन, एकलव्य और कर्ण। तीसरा केन्द्र बर्बरीक है जिसे न तो नायक और न प्रतिनायक बनने का मौक़ा मिला।

कुरुक्षेत्र में युद्ध को निष्पक्ष रूप से देखने के उस विराट पल ने बर्बरीक को कृष्ण की तरह पूजे जाने की राह बनायी।

18 दिनों तक कुरुक्षेत्र में वही एक किरदार स्थिर होकर देख पा रहा था और कृष्ण को समझ पा रहा था। वह देख पा रहा था कि दोनों पक्षों के बीच वासुदेव का सुदर्शन चक्र घूम रहा है। वहाँ हर पक्ष कृष्णपक्ष ही है। कृष्ण को समझना ख़ुद कृष्ण हो जाना है। कृष्ण के लिए ख़ुद को खोकर वह कृष्ण बन चुका था।

पहाड़ी पर स्थिर बर्बरीक धर्मचक्र को समझ चुका था। अपने दादा भीम को मल्लयुद्ध में हरा कर पाण्डवों को भौचक कर देने वाला बर्बरीक कुरुक्षेत्र में जान चुका था कि महत्त्वपूर्ण यह नहीं है कि किसके पास कितनी ताक़त है। यह भी महत्त्वपूर्ण नहीं कि आपको किससे और कैसा वरदान प्राप्त हुआ है। महत्त्वपूर्ण है नीति और रणनीति। हारने वाले के साथ खड़े रहने की नैतिकता हासिल करने के लिए किसी वरदान की ज़रूरत नहीं होती। लेकिन नैतिकता तभी ताक़त बन पाती है जब उसे एक रणनीति मिले जो पक्ष और विपक्ष, हारने वाला–जीतने वाला जैसी तात्कालिक चीज़ नहीं धर्म स्थापना जैसे अमर लक्ष्य की ओर चले। बिना नीति और रणनीति के धर्म की जीत नहीं हो सकती है। धर्म की स्थापना के लिए दोनों एक साथ ज़रूरी है।

हारे के साथ खड़े होने में नैतिक बल का बोध तो आता है। लेकिन यहाँ कोई लक्ष्य नहीं रह जाता और रणनीति भी नहीं बन पाती है। नैतिक मूल्यों के साथ सामाजिक मूल्य भी बहुत महत्त्वपूर्ण हैं। आप जिसके साथ खड़े हैं वह धर्म है या अधर्म, यह तो देखना होगा। सिर्फ़ हारने वाले के साथ खड़े होना धर्म नहीं होता है। एक समय हारने वाले का ऊपरी आवरण नैतिकता का श्रृंगार कर लेता है। लेकिन यह बनावटी परत तार्किकता और विवेक के छींटे मारते ही धुल जाती है।

नैतिकता, नीति और रणनीति के द्वन्द्व को आधुनिक भारत में गाँधी की विचारधारा से समझ सकते हैं। गाँधी ने अहिंसा को परम मूल्य माना। लेकिन सबके पास सत्य और असत्य को परखने के लिए गाँधी जैसा विवेक नहीं होता है और वे गाँधी के नाम पर असत्य

के प्रति भी आग्रही हो जाते हैं। गाँधी की नीति का उपयोग और दुरुपयोग दोनों किया जा सकता है। यह देखना ज़रूरी होता है कि आपकी ताक़त किसे ताक़तवर बना रही है। भारत की आज़ादी का इतिहास तभी पूरा होता है जब गाँधी और भगत सिंह एक–दूसरे के साथ आ जाते हैं। यह दूसरी बात है कि जिस तरह से भारत के संविधान को 'वकीलों का स्वर्ग' कहा जाता है, वहीं राजनीतिक दलों के लिए गाँधी 'मोक्ष द्वार' जैसे हो गये हैं। कोई भी राजनीतिक दल गाँधी को आत्मसात नहीं करना चाहता। लेकिन एक हाथ में उनके विचारों की लाठी ज़रूर पकड़ लेता है, भले बाद में वह उसका हिंसक इस्तेमाल कर ले।

18 दिनों का युद्ध देखने के बाद बर्बरीक वो बलवान बालक नहीं रहा जो हारने वाले के पक्ष में लड़ने की प्रतिज्ञा ले चुका था। वह चीज़ों को समय के साथ समग्रता में देख रहा है। ऊँची पहाड़ी से वह देख पा रहा है कि युद्ध के सपाट मैदान में हारना अपने आप में कोई मूल्य नहीं हो सकता है। जीत के साथ धर्म शिक्षा और मानवता की ख़ातिर नीति और रणनीति भी है। प्रतिज्ञाबद्ध इन्सान अब धर्म और अधर्म की अक्षांशीय दूरी पाट लेने पर ब्रह्म को जान लेता है। जीतने वाले के साथ हरि हैं तो हारने वालों के मस्तक पर भी वह हरिनाम को पढ़ पाता है।

पूरा युद्ध देखने के बाद बर्बरीक के पास सत्य की ताक़त के साथ अनुभव भी है। इसी अनुभव से वे उस कृष्ण को नायक घोषित करते हैं जो जीतने वाले पक्ष के साथ खड़े थे। बिना पूरा युद्ध देखे उन्हें यह बोध हो ही नहीं सकता था कि धर्म और अधर्म के इस संग्राम में नायकत्व का केन्द्र धर्म की स्थापना है जो प्रतिज्ञा की निजता में नहीं विश्व कल्याण की सार्वजनिकता में है। कृष्ण ब्रह्म हैं तो बर्बरीक उनका बोध। इसी ब्रह्मबोध के कारण बर्बरीक आज भी कृष्णभक्ति के लोक राग में हैं। वे हारे को हरिनाम की याद हमेशा दिलायेंगे।

निर्णायिका

महाभारत के युद्ध का दसवाँ दिन एक तरह से युद्ध के लिए निर्णायक साबित हो जाता है। निर्णायक इसलिए कि उस दिन भीष्म पितामह को कुरुक्षेत्र के मैदान से शरशैया पर भेज दिया गया था। हस्तिनापुर के वो अभिभवाक जिन्हें इच्छा–मृत्यु का वरदान था और इस वजह से दुर्योधन को अपनी कौरव सेना के अजेय होने की ख़ुशफ़हमी थी। अब जिन्हें इच्छा–मृत्यु का वरदान था भला उन्हें कौन मार सकता था। और उनके अपने पाले में रहते हुए यह सोच स्वाभाविक थी कि जब तक भीष्म पितामह हैं तब तक युद्ध उनके पक्ष में ही रहेगा।

महाभारत ऐसा ग्रन्थ है जो कथाओं और उपकथाओं की वनलता तैयार करता है। ये कथाएँ एक–दूसरे से गुँथ कर ऐसा कथा–गुच्छ तैयार करती हैं जिनका ओर और छोर पता करना मुश्किल होता है। महाभारत के शुरुआती भाग में हम मिलते हैं गंगा और शान्तनु के पुत्र देवव्रत से जो एक मत्स्य समुदाय की स्त्री से अपने पिता की प्रेम कथा को पूर्ण करने के लिए आजन्म ब्रह्मचारी रहने की प्रतिज्ञा लेकर भीष्म के नाम से जाना जाता है। महाराज शान्तनु अपने पुत्र के इस त्याग से प्रभावित होकर उसे इच्छा–मृत्यु का वरदान देते हैं। यह प्रतिज्ञा किस तरह से आगे चल कर महाभारत युद्ध का कारण बनती है और किस तरह से एक स्त्री इच्छा–मृत्यु के वरदान को निस्तेज कर देती है यह देखने के लिए हमें अम्बा और शिखण्डी को साझे में समझना होगा।

भारतीय शास्त्रों में पुरुष की स्त्री से दूरी को महिमामण्डित किया गया है। स्त्री और पुरुष के संयोग को सन्तति प्राप्ति के लिए

ही देखा जाता है। ब्रह्मचर्य रखने वाले पुरुष को देवता की श्रेणी में रखा गया है। लेकिन स्त्री के पास यह आज़ादी नहीं है। महाभारत काल तक स्त्री पति के लिए सती तो हो सकती थी लेकिन बिना पति के सन्त नहीं बन सकती थी। भीष्म विवाह नहीं करने के कारण भगवान बन सकते थे लेकिन विवाह के बिना अम्बा का कोई अस्तित्व नहीं था। एक स्त्री की पहचान बेटी, बहन, पत्नी और माँ के रूप में ही हो सकती है। लेकिन महाभारत में अम्बा की पहली पहचान प्रेमिका के रूप में होती है। लेकिन यही पहचान उसके अस्तित्व के अन्त की वजह बनती है।

भीष्म के लिए यह बात कोई मायने नहीं रखती कि हस्तिनापुर के राजकुमारों की शारीरिक और मानसिक योग्यता कैसी है। उन्हें बस अपने राजकुमारों के लिए देश की सर्वश्रेष्ठ राजकुमारियों का इन्तज़ाम करते दिखाया गया। भीष्म ने अपने पिता के मनपसन्द विवाह के कारण ख़ुद विवाह नहीं करने की शपथ ली। उनके लिए विवाह एक राजकीय उपक्रम हो जाता है। जो आदमी एक पुरुष की इच्छा के लिए ख़ुद विवाह से दूर है उसके लिए यह बात कोई मायने नहीं रखती कि विवाह को लेकर स्त्री की इच्छा क्या है। उनकी वजह से अम्बा को पहले शाल्व ने ठुकराया और बाद में उन्होंने अपनी वजह से अम्बा के विवाह अनुरोध को ठुकराया।

एक मज़बूत स्त्री किरदार अचानक से कहानी से ख़ारिज हो जाती है क्योंकि उसने विवाह पूर्व प्रेम किया था। उसने स्वयं के लिए वर को चुना था जो उस सामन्ती स्वयंवर से अलग था जो उनके राजा पिता द्वारा आयोजित किया जाता था। राजा अपनी बेटियों का स्वयंवर अपने समान हैसियत और समान वंश के राजकुमारों के लिए बुलाकर करते थे कि अगर अपनी बेटी की शादी किसी से कर दी तो कहीं दूसरा राजकुमार इसे अपमान मान उनके ऊपर आक्रमण न कर दे। और इसे स्वयंवर का नाम दिया गया। लेकिन अम्बा ने जिस वर को स्वयं चुना था उसके सामने से उसका अपहरण कर भीष्म ले गये।

भीष्म को हस्तिनापुर के युवराज विचित्रवीर्य के लिए भारतवर्ष की श्रेष्ठ कन्याओं की तलाश थी। विचित्रवीर्य के विवाह के लिए वे भरी सभा से काशीराज की तीन पुत्रियों अम्बा, अम्बिका और अम्बालिका का अपहरण कर लाये थे। लेकिन अम्बा ने हस्तिनापुर पहुँचने के बाद भीष्म को बताया कि वे राजा शाल्व से प्यार करती हैं और उन्हें मन–ही–मन अपना पति मान चुकी हैं। यह बात जानने के बाद भीष्म ने अम्बा को राजा शाल्व के पास भेज दिया। लेकिन राजा शाल्व ने उस अम्बा को अपनाने से इनकार कर दिया जिसका अपहरण दूसरे राजकुमार से विवाह करने के लिए किया गया था। अपमानित अम्बा भीष्म के पास लौटती हैं और उन्हें कहती हैं कि उसकी इस हालत के ज़िम्मेदार वे ही हैं इसलिए उन्हें अम्बा से विवाह कर लेना चाहिए। लेकिन भीष्म ने कहा कि वे अपनी प्रतिज्ञा से बँधे रहने के कारण विवाह नहीं कर सकते। अब अम्बा के लिए कोई रास्ता नहीं बचा था। वो यह समझ रही थी कि इस पुरुषवादी समाज में उसके इस हाल के लिए भीष्म ही ज़िम्मेदार थे। उसने भी एक प्रतिज्ञा की कि वो भीष्म की मृत्यु का कारण बनेगी। अम्बा अपने इस प्रतिशोध को पूरा करने के लिए ही महाराज द्रुपद के घर में शिखण्डी के रूप में पैदा होती है।

महाभारत काल तक युद्ध के नियमों के तहत युद्धक्षेत्र में स्त्रियों का प्रवेश वर्जित था। स्त्रियों को हासिल करने के लिए युद्ध किया जाता था लेकिन स्त्रियों को युद्ध करने की इजाज़त नहीं थी। इसी सामन्ती प्रथा को आगे बढ़ाते हुए भीष्म ने भी व्रत लिया था कि वे किसी स्त्री पर शस्त्र नहीं उठायेंगे। जब युद्ध में महज़ भीष्म के कारण कौरवों का पलड़ा भारी हो रहा था तो भीष्म ने ही पाण्डवों को यह राज़ बताया था कि कोई स्त्री ही उनकी मृत्यु का कारण बनेगी। वासुदेव जानते थे कि अर्जुन को इसके लिए तैयार करना मुश्किल होगा। लेकिन 'श्रीमद्भगवद्गीता' के पहले श्रोता अर्जुन को कृष्ण ही इस छल के लिए तैयार करते हैं कि वे युद्ध के रथ पर अपने आगे शिखण्डी को रखें। शिखण्डी को देखते

ही भीष्म ने अपने हथियार रख दिये और अर्जुन ने उन्हें शरशैया पर सुला दिया।

भीष्म पितृसत्ता के प्रतिनिधि हैं तो शिखण्डी उनके ख़िलाफ़ खड़ा प्रतिरोध है। शिखण्डी एक क्लीव है यानी न तो स्त्री और न पुरुष। स्त्री या पुरुष दोनों मानकों पर अधूरा यह शरीर उस पूर्णता के ख़िलाफ़ है जिसके आधार पर महाभारत काल के सामन्ती नियम बने थे। मर्दवादी व्यवस्था महाभारत के तरह ही विरोधाभासों से भरी है। भीष्म कहते हैं कि वे स्त्री पर शस्त्र नहीं उठा सकते हैं लेकिन वे स्त्री पर वो अत्याचार होते हुए देखते हैं जब भरी सभा में उनकी कुलवधू के चीरहरण की कोशिश होती है। स्वयंवर सभा से लेकर द्यूत–सभा तक स्त्रियों के अस्तित्व के हरण के ख़िलाफ़ एक प्रतिरोधी आवाज़ है शिखण्डी की।

आज के अस्मितावादी विमर्श की नज़र से देखें तो महाभारत में एक क्लीव का निर्णायक होना अहम है। स्त्री और पुरुष के अलावा तीसरी पहचान को सम्मान के साथ उभारा गया है। शस्त्र और शास्त्र से स्त्रियों की दूरी के बीच कुरुक्षेत्र के मैदान में शिखण्डी को स्त्री के रूप के ज़्यादा क़रीब रखा गया है। अगर भीष्म पितामह व्यवस्था के प्रतीक हैं तो शिखण्डी प्रतिरोध की। शिखण्डी थोड़ा कम पुरुष और ज़्यादा स्त्री है। यानी युद्धक्षेत्र में एक स्त्री उस व्यवस्था को मृत्यु के मोड़ तक पहुँचाने में कामयाब रही जो स्त्रियों को महाभारत की वजह बताकर उसे ही महाभारत से अलग रखना चाहता था। शिखण्डी के रूप में एक स्त्री ही कुरुक्षेत्र को निर्णायक मोड़ पर पहुँचाती है। नायक कहें या नायिका लेकिन शिखण्डी के लिए सबसे उपयुक्त शब्द हो सकता है–निर्णायिका।

□□